# БАРНІ 613

# БАРНІ 613

ЮЛІЯ ЧЕРНІНЬКА

Львів
Видавництво Старого Лева
2024

УДК 821.161.2-31
Ч-49

**Юлія Чернінька**

Ч-49 Барні 613 [Текст] : роман / Юлія Чернінька. — Львів : Видавництво Старого Лева, 2024. — 152 с.

ISBN 978-966-448-245-2

Із відомою співачкою Марією Лакрицькою кояться дивні речі. Усе почалося після болісного розлучення з чоловіком. Загадкові повідомлення від невідомого абонента. Дивні люди, які згодом виявляються не тими, за кого себе видавали спочатку. Предмети, що на ранок опиняються не там, де їх залишили ввечері. Що це? Хто саме переслідує співачку? І взагалі — що це все означає? Це реальність чи тільки плід запаленої уяви чутливої нервової жінки? Як би там не було, коло стискається. І Марія — всередині цього зловісного кола.

УДК 821.161.2-31



ISBN 978-966-448-245-2

# 1

Марія стояла біля високої брами й милувалася ошатним сірим будинком. Як зауважила рієлторка, австрійський люкс колись належав коханці графа Потоцького, ім'я якої загубилося на сторінках їхньої історії. Коханка Потоцького мешкала на четвертому поверсі, а решту апартаментів здавала в оренду. Будинок мав п'ять поверхів і особливу цікавинку — старий австрійський ліфт. Будь-яка автентика страшенно подобалася Марії. Вона була в захваті від того, що будинок має свою загадкову історію. Також рієлторка сьогодні обмовилася, коли передавала Марії ключі від квартири, що саме на її поверсі в часи Другої світової війни функціонувало справжнє підпільне казино. Загалом усі цікаві історії про будинок стосувалися лише четвертого поверху — саме там і розташовувалася квартира Марії. Історія могла бути лише вдалим піар-ходом власників, банальною вигадкою, та Марія цим не переймалася. Зрештою, яке це мало значення?

Жінка ще раз глянула вгору, уважно роздивилася двох кам'яних лицарів. Наче справжні охоронці, вони дивилися з даху високого будинку на гамірну вулицю Коперника. Колись давно, коли Марія була маленькою, а було це справді дуже давно, її батько називав вулицю Коперника львівською Волл-стріт. Батько працював у банку — гігантському сірому будинку, що нагадував малій Марійці середньовічний замок. Батькова робота викликала в неї особливий трепет. З дитинства вона добре засвоїла: щоб добре жити, треба багато працювати. Так не раз казав батько. Він завжди приносив їй багато подарунків, возив на найкращі курорти. Якось само собою повелося, що дівчинка була ближчою з батьком, аніж із матір'ю. Навіть коли тато сварився з мамою й та тихо плакала, Марія без жалю йшла з батьком гуляти. Він демонстративно забирав дівчинку на вулицю і вкотре осипав подарунками. «Моя королівна!» — казав він. А вона вірила. І, мабуть, завдяки цій вірі у свою особливість, вищість над іншими, рішуче йшла до своєї мети. Ніколи не слухала, коли їй закидали, що вона слабка співачка чи що в неї не артистична зовнішність.

Мати навчила її грати на бандурі. Потім було музичне училище, пізніше — консерваторія. А далі гастролі, гастролі, гастролі… Тріо бандуристок, у якому Марія стала головним сопрано. Виступи за кордоном. Прославляння української пісні й української бандури. Хай там як, але вона багато зробила для своєї країни. Можливо, навіть значно більше, ніж усі ці говоруни, що одягають у ФБ вишиванки та ставлять жовто-блакитні прапорці собі на аватарку.

Так склалися обставини, що саме сьогодні, коли в неї в правій кишені дублянки лежить ключ від нової квартири, у лівій кишені — ще й медаль. Вона отримала її зранку в ратуші на площі Ринок. Нагороджував Марію сам мер міста. Це було дуже трепетно. Окрім медалі, вона отримала ще грамоту й коробку львівського шоколаду. Як давно вона вже не їла нічого солодкого! Усі три етапи хімії. І хоча зараз ремісія, вона все одно не дозволяла собі нічого шкідливого, навіть шоколаду. Береженого Бог береже.

Марія затрималася ще на мить. Сам факт того, що в будинку на першому поверсі багато десятиліть функціонував магазин музичних інструментів, видався їй хорошим знаком. Мало того, у величезній скляній вітрині на найпочеснішому місці стояли три бандури — дві чернігівські й одна львів'янка з перемикачами. Це теж дуже символічно, адже Марія прославилася саме завдяки тріо бандуристок, у якому грала на інструменті з перемикачами. Марія радісно всміхнулася і глибоко вдихнула, як тоді, коли була ще малим дівчиськом і вірила, що під час хороших думок треба глибоко затримувати повітря. Затамувавши подих, шістдесятирічна Марія швидко забігла в довгий темний під'їзд і, не видихаючи, поквапилася до старовинного австрійського ліфта. Натиснула на кнопку виклику — і лише тоді знову почала дихати у звичному режимі. Ця дитяча витівка розвеселила її, на обличчі з'явився рум'янець.

Ліфт був старий. Поки він неквапно спускався до першого поверху, ліворуч відчинилися двері. Вийшов літній чоловік якоїсь зовсім сірої зовнішності.

— Добрий вечір! — дзвінко, як дівчисько, привіталася Марія.

— Доброго здоров'ячка, — у тон їй відповів чоловік.

— Я ваша нова сусідка. Марія, — провадила жінка.

— А я ліфтьор.

— Хто?

— Ліфтьор, — повторив він. — Конструкція ліфта стара. Потребує догляду. Мешканці дому обрали для цього мене.

Виділили цю кімнатину. То я тут про всяк випадок завжди стежу, щоб ніхто не застрягав.

— А що, часто таке буває?

— Нечасто...

Ліфтер хотів ще щось додати, але двері роззявили пащеку, і Марія з винуватою усмішкою забігла всередину. Там висіло старе дзеркало — побачила своє відображення з «ідіоцькою», як їй здалося, усмішкою. «Хороший сьогодні день. Давно не хотілося от так просто радіти», — виправдовуючи саму себе, подумала вона.

Вийшла на своєму поверсі і встромила ключ у замок старих дерев'яних дверей.

Вона нічого не міняла в цій квартирі. Навіть не робила ремонт, щоб «освіжити» стіни. Помешкання не мало «втомленого» вигляду, як це часто буває на вторинному ринку. Все дихало старовиною. Дивував той факт, що тут було багато антикваріату, що пережив війну і совєти.

У квартирі збереглися двометрові різьблені панелі з червоного дерева, такі ж двері, височезні кахлеві пічки на всю висоту чотириметрової стелі. Але найбільше Марію вразила стара металева ванна на ніжках у формі ріжок і маленькі умивальники з кранами, на яких збереглися написи німецькою мовою.

Родзинкою квартири була спальня. Відгороджене бордовою оксамитовою портьєрою ліжко стояло посеред 45-метрової вітальні. Це здавалося дуже епатажним. Закрадалася думка, що саме таким було славнозвісне ліжко коханки Потоцького. Щоправда, цього ріелторка вже не казала. Окрім гігантської вітальні-спальні, у квартирі була ще одна велика кімната з балконом, де Марія вирішила зробити кабінет-бібліотеку. Окреме приміщення — кухня з вікном у двір-колодязь. На кухонному вікні збереглися старі ґрати з потрісканою фарбою. Навіщо ґрати на четвертому поверсі — загадка. Мабуть, то був єдиний нюанс, що не сподобався Марії. Тож вона вирішила позбутися його якнайшвидше.

Попри свій доволі солідний вік, Марія ніколи не мешкала у квартирах. Змалечку в них був будинок на Левандівці, а коли одружилася, жили з Павлом у приватному помешканні, але в Грибовичах. Навіть після розлучення, а було це ще десять років тому, вона жила в їхньому спільному домі, але з часом чоловік добився продажу спільного дому й розділу майна. Так би мовити, дотиснув. Від думок про це Маріїне обличчя перекосила злісна судома. Вона не хотіла покидати свій дім. У неї там прекрасний сад! У саду — квіти, за якими вона доглядала, наче за рідними дітьми. Яке ж це було диво, коли розквітали півонії! Вона зрізала їх із самісінького ранку, коли на бутонах ще світилася вранішня роса, і розкладала у вази по всьому двоповерховому будинку. Щодня змінювала воду. А потім ішла копатися в землі. Надівала жовті рукавиці, сині гумові капці, зав'язувала на голові хустину. О, це був справжній ритуал! Жодна медитація не могла дати того дзену, що давала їй земля і квіти. А він просто взяв і розтрощив усе своїм шитим на замовлення італійським черевиком.

Двадцять років спільного життя — і все котові під хвіст! І що найбільше бісило: йому вже 55, молодший лише на п'ять років, а в нього нове життя, двійко близнят від молодої дружини. А Марія? А Марія списана, як старе барахло. Навіть будинок умовив-змусив продати. Хоча добре знав, що там багато всього куплено на гроші, які вона привозила з гастролей Канадою та США. Але вже як є. Марія шкодувала, що піддалася на його тиск, що не завірила розподіл майна нотаріально. Павло вміло тиснув на її болючі місця, на відсутність спільних дітей у шлюбі, на її творчий егоїзм, на неминучу старість і самотність. Вона завжди була занадто творчою натурою, занадто піднесеною для буденних земних справ, занадто зневажливою до будь-якої бюрократії.

Усе би добре в цій квартирі, та відсутність землі, саду, квітів пригнічували жінку. У будь-якому разі, половини грошей від проданого спільного майна їй не вистачало на пристойний дім. А купувати будь-що вона не могла — не той статус. Ця ж квартира розташовувалася дуже близько до консерваторії. Добиратися на роботу в центр міста з Грибовичів складно, особливо взимку, а вона, на жаль, і справді не молодшала. Поки що вирішила давати уроки вокалу вдома або просто зробити перерву. Грошей ще трохи на рахунках залишилося. «А ви народжували?» — щоразу запитував новий лікар. «Ох же ж ці радянські запитання. Яка різниця, народжувала я чи ні?» — не раз вибухала жінка. «Це важливо з медичного боку», — терпляче провадили лікарі. «Ви зараз хочете сказати, що я сама винна в тому, що в мене рак?» — продовжувала вона знову й знову в кабінеті в нового лікаря. «Ні, просто збираю інформацію…» — «У вас були аборти?» — «Ви переривали вагітність?»

Марія ненавиділа всі ці запитання й тішилася, що все минулося. Що все вже позаду. Вірила, що хвороба не повернеться, бо вона, Марія Лакрицька, потрібна світу. Вона ще багато зможе дати цьому світу хорошого.

# 2

Це був перший ранок у новій квартирі. Спати за бордовими оксамитовими портьєрами виявилося дуже навіть приємно. Сон був такий міцний і глибокий, що Марія нарешті виспалася. У відгородженій частині квартири, там, де стояло ліжко, було окреме вікно, але воно не давало багато світла, бо виходило у внутрішній дворик. Дім узагалі мав багато внутрішніх двориків, або, як їх називають у народі, «колодязів». Там завжди панувала темінь, але на вигляд — досить атмосферно. Єдиний мінус — багато голубів, які обсідали вікна з двору. Марія піднялася з ліжка, зграя птахів із шумом злетіла з підвіконня.

— Ох, серуни! — гримнула жінка, уявляючи, як доведеться відшкрябувати все те навесні.

Сьогодні знову мав бути хороший день. Увечері в планах — зустріч із Уляною Янків, старою доброю подругою ще з юнацьких часів. Жінки хотіли відсвяткувати переїзд і нагороду Марії в маленькому джазовому клубі на проспекті Шевченка. Жінка прочалапала босоніж до ванної кімнати.

Серед плюсів старих австрійських домів було те, що вони добре тримали тепло. Викладений хитромудрим орнаментом дубовий паркет був теплим, п'яти не відчули жодного дискомфорту. Звечора вона затопила один із п'єців. Висока білосніжна пічка, зусібіч прикрашена ліпниною та розписана сусальним золотом, добре тримала тепло, незважаючи на свій солідний вік. «Хоч хтось старший за мене», — поплескала пічку, наче компаньйонку, Марія, коли вперше побачила її. «Ніколи так не говоріть, — улесливо відповіла їй тоді рієлторка, — у вас вигляд, як у Катрін Денев у її кращі роки». «У "Шербурзьких парасольках"?» — усміхнулася Марія. Рієлторка весело розсміялася, підтримуючи тон клієнтки.

Марія довго крутила крани. Нарешті вода потекла, але обпалила їй руки крижаним холодом.

— О Господи, — відсмикнула руки. Геть забула, що треба вмикати стару колонку.

Її точно треба якнайшвидше замінити, але вона забула. Учадіти після того, як вилікувалася від такої страшної хвороби, Марія не збиралася. Прибрати ґрати з вікна й поміняти колонку стало тепер порядком денним. Оперлася обома руками на умивальник і уважно подивилася в дзеркало, на якому де-не-де злізло покриття й проглядала стара сіра основа. З відображення на неї справді дивилася жінка, чимось схожа на Катрін Денев, от лишень у Марії не було довгого волосся. Практична коротка зачіска не змінювалася протягом багатьох десятиліть. Найбільше її дратували зморшки над верхньою губою. Туди забивалася помада, і Марія не могла вже фарбуватися яскраво-червоним кольором. Усе решта могло б бути, як на її вік. Більш як 45 і не даси. Злобителі подейкували, що Марія має такий гарний вигляд через те, що ніколи не народжувала. Живе собі на втіху, чого їй старіти? Недоспаних ночей і власних соків дітям не віддавала, от і законсервувалася. Стара консерва. Її пересмикнуло від цієї думки. Як же це ганебно звучало! «Нехай заздрять», — подумала й вийшла з ванної. Холодні кахлі на підлозі нарешті остудили п'яти, і стало холодно. Одягнула теплий велюровий халат, узяла в руки телефон і пішла на кухню.

При денному світлі ще раз уважно оглянула кухню й дійшла висновку, що тут таки доведеться зробити ремонт. Усі ці старі меблі хоч і мали атмосферний вигляд, та все ж були дещо похмурими. Подекуди на білому буфеті облупилася фарба. До того ж тут стояла газова плита, а Марія звикла до електричної. Варто віддати належне — рієлторка її одразу попередила, що будинок старий, а тому від надлишку електроприладів вибиватиме проводку. Марія почала роздратовано шукати сірники, які впали в шпарину між плитою та буфетом. Безрезультатно. Зітхнула й повернулася в кімнату, щоб узяти сумочку. Там завжди на екстрений випадок у неї лежала запальничка й пачка довгих ментолових цигарок.

Марія здивовано втупилася в ліжко. Вона наче не зашторювала його, навіть не застеляла... А зараз оксамитові бордові штори були наглухо припасовані одна до одної. Втім, після ковіду в неї вже не раз бували якісь провали в пам'яті, а після всіх хімій — то і згадувати не хотілося. Узяла маленьку сумочку й повернулася на кухню, поставила варитися свою улюблену італійську каву, потім дістала з сумочки блістер із пігулками і, хвилину подумавши, все-таки видушила одну й закинула до рота. У неї цих таблеток і рецептів на них удосталь залишилося після лікування. Звички начебто й не було, але часом пігулки були порятунком, допомагали зібрати себе докупи, як стару клаптикову ковдру. І знову — стару…

Жінка пересмикнула плечима. Це все через Павла. Він змусив її почуватися старою клаптиковою ковдрою. Навіть Уляна так говорила, а вона психолог і добре знається на всіх цих розхристаних станах. Марія витягнула цигарку, затягнулася запашним димом і лише тоді пішла наливати собі каву, що встигла википіти на плиту й загасити вогонь.

— А курва його мама була! — вилаялася вголос і вимкнула газ.

Марія побачила папку з нотами. Дістала верхній примірник. Поклала на обшарпаний буфет. Підсунула збоку вазу з трояндами, які їй учора вручили в мерії, і зробила телефоном фото цієї нехитрої композиції. Вийшла така собі світлина в стилі прованс.

«І тільки музика незмінна, вона вірна і лише моя». Вона підписала цією фразою фотографію й розмістила на сторінці в інстаграмі. Вже давно намагалася підкорити цю соціальну мережу, але підписники застрягли на 7 тисячах. Може, і не робила б цього, бо навряд чи вигорить справа, до якої душа не лежить, але не хотілося бути як той динозавр серед колег-музикантів. Усі відомі люди мають свої сторінки в інстаграмі, от і Марія намагалася не відставати.

Пила каву. Дістала вже другу цигарку, аж раптом прийшло повідомлення від незнайомця.

Барні 613.

Марія з відразою відкрила повідомлення. Їй не сподобалося, що на аватарці зображений ведмедик Тедді з відірваним вухом. Друге вухо було грубо пришите синіми нитками. У повідомленні — вкладене відео. Марія добре знала, що таких відео не можна відкривати, бо там може бути якась віртуальна зараза. Вона вже хотіла було вийти й заблокувати «пасажира», як раптом помітила на завмерлій картинці відео своє обличчя. Вона миттєво натиснула на картинку — і відео запустилося.

Марія сиділа в себе в будинку, тому, який нещодавно продали. Сиділа перед трюмо. Уважно роздивлялася обличчя, підтягувала пальцями скроні, уявляючи, який міг би бути ефект, зроби вона підтяжку. Була в шовковому халаті, що розійшовся на грудях. На голові — спортивна пов'язка, що повністю прибрала волосся з обличчя. Сумні очі, розгублений погляд. Вона навіть не одразу впізнала себе. Здалося, що вона таки обізналася — і ця втомлена жінка не має з нею нічого спільного. Але це таки була вона! Відео показувало відображення у дзеркалі. Вона точно згадала, коли це було — вона тоді сиділа сама вдома. Відео коротке, трохи менше ніж дві хвилини.

Марія нервово клацнула телефоном і набрала номер Павла. Він довго не знімав слухавки.

— У мене пара, подзвони пізніше, — нарешті почувся його голос.

— Якого хера відбувається? — заверещала Марія.

У такі моменти її голос завжди ставав надто високим, давалося взнаки професійне колоратурне сопрано.

— Це що за відео? Ти що, знімав мене вдома? Хотів нарити якогось компромату? Ну що, нарив? Скнара старий. Думав знайти там коханця й забрати ще більше грошей на свою лярву?! Моїх грошей, що я їх сама заробила! Ти, вельмишановний пане професоре, багато заробляєш? Як ти посмів знімати мене? Я публічна персона! Що там у тебе ще є? Як я переодягаюся? Чи, може, як я підмиваюся?

Замовкла, бо на тому боці було аж занадто тихо — він поклав трубку. Воно й не дивно, адже в нього пара, — намагалася заспокоїти себе жінка. Ще раз зайшла на профіль ведмедя. Нещодавно створений. Жодної інформації, жодних фото. Очевидно, його створили спеціально для неї. Навіщо тільки таке фото на аватарці? Лише найближчі знають, що вона завжди боялася старих іграшок. Було в них щось лячне. А цей ведмідь-франкенштейн мав особливо гнітючий вигляд.

*Павло*

Красивий статечний чоловік за п'ятдесят стояв біля дошки у просторій авдиторії університету. Стояв спиною до студентів і швидко строчив якісь цифри, від чого крейда кришилася й сипалася на розношені замшеві штиблети. Він завжди так робив. Поринав у свої підрахунки й забував, що позаду цілий потік студентів чекає на роз'яснення його математичних прикладів. У нього було все для того, щоб стати знаним професором, але не було тієї харизми у спілкуванні зі студентами, щоб утримати їхню увагу. Мабуть, тому після лекції всі вилітали в коридор зі швидкістю світла, а він навіть не встигав продиктувати завдання для доопрацювання. Однак він завжди мав підвищену увагу студенток і навіть деяких студентів, та останні кілька років активно ігнорував будь-які прояви зацікавленості власною персоною з їхнього боку.

Павло вдруге одружився десять років тому. Юстина завагітніла несподівано. Правду кажучи, він не планував цього шлюбу й дітей у ньому також, але сталося. Тепер він ні про що не шкодував. Перша дружина досі не пробачила йому.

Вважала, що він зрадник, брехун і альфонс. Зрештою, його й не дивували такі епітети. Марія була зацикленою на собі егоїсткою. «АВтистка-бандуВистка» — навмисно не вимовляючи «р», кривлявся він, коли доходило до скандалів. Маріїн батько не вимовляв «р». Це він поклав доньці на голову таку корону, яка й британській королеві не снилася. Це він на кожному кроці вигукував, що його доня «аВтиска». А та цвіла як ружа і тулилася до татуся. Такого ж ставлення чекала й від Павла, а він — геть не така людина. Він математик, і цим усе сказано. Чіткість розрахунків переносив і на особисте життя. А яка чіткість може бути з «аВтисткою»?

Спершу він дуже хотів дитину. Думав, що дружину це спинить. Та з часом до нього почали доходити різні історії. Подейкували, що Марія мала близьких друзів як серед музикантів, так і серед впливових чоловіків із посадами в міністерстві культури.

Вони віддалялися дуже помалу. Тілами завжди були подружжям, а от душами... Кожен жив своє власне, окреме життя. Щоразу, коли Марія говорила йому про вагітність, Павло не був певен, що то саме його дитина, і відчував лише роздратування. Він неодноразово пропонував їй приймати протизаплідні пігулки, адже що далі, то все менше хотів спільних нащадків. Жінка відмовлялася від такої терапії, гормональні пігулки змушували її багато їсти, апетит ставав шаленим, і дружину розносило.

Марія часто насміхалася з того, що Павло недостатньо заробляє. Хоча, враховуючи всі дипломні, які він ночами писав студентам, а ще й репетиторство, чоловік приносив у сім'ю не менше ніж половину від загального доходу. Утім, «аВтистка» на кожному кроці наголошувала, що в хаті все куплено на її гроші. Мабуть, це хизування мало глибоке коріння. Її мама ніколи не працювала, завжди жила на утриманні чоловіка, і він неодноразово дорікав їй цим. Це залишило на душі малої Марійки сліди — вона відчувала мало не фізичну потребу в фінансовому домінуванні.

На свої п'ятдесят п'ять років Павло мав аж занадто добрий вигляд. Його друзі сміялися, що то при молодій дружині він так розцвів. Певно, було в цьому щось і від правди. З Марією він завжди почувався надто маленьким зігнутим придатком при великій знаменитості. З Юстиною ж навпаки — став великим професором, людиною, якою в сім'ї пишаються. Павло добре пам'ятав одну історію. Щойно з'явився фейсбук, Марія зробила собі там сторінку. Все заповнила про себе в профілі, все розповіла. Змінила лише два маленьких нюанси: рік народження й наявність штампа в паспорті. Його тоді це дуже зачепило. Він навіть позначив її дружиною в себе на сторінці, але Марія проігнорувала. Інша річ зараз: Юстина на кожному кроці хвалилася Павлом, і це йому неабияк лестило.

Повернувся обличчям до студентів лише тоді, коли списав усю дошку дрібними прикладами. У нього було благородне обличчя. Добрі сірі очі і якась розгублена усмішка. Саме це найбільше притягувало до нього представниць протилежної статі. Такий собі професор, якого треба захистити.

Раптом задзвонив телефон. На дисплеї побачив фото колишньої дружини й підпис «аВтистка». Вимкнув звук, вирішив передзвонити на перерві, але в останній момент захвилювався. Раптом у неї щось трапилося? Вона так рідко дзвонила йому… Часто скидала виклик і навмисно не передзвонювала, а може, і забувала. В останній момент відповів на дзвінок.

— У мене пара, подзвони пізніше, — тихо сказав він.

— Якого хєра відбувається? — почувся крик з того боку, і Павло за звичкою швидко прибрав одним лише пальцем звук на боковій панелі телефона.

— Це що за відео? Ти що, знімав мене вдома? Хотів нарити якогось компромату? Ну що, нарив? Скнара старий. Думав знайти там коханця й забрати ще більше грошей на свою лярву?! Моїх грошей, що я їх сама заробила! Ти, вельмишановний пане професоре, багато заробляєш? Як ти посмів знімати мене? Я публічна персона! Що там у тебе ще є? Як я переодягаюся? Чи, може, як я підмиваюся?

«Вже зранку нажльопалася», — подумав Павло і скинув розмову. Вимкнув звук і поклав телефон дисплеєм униз.

— Що ж, хто з вас знайде ефективний та економічно обґрунтований шлях вирішення цього завдання й пізніше проаналізує отриманий результат? — звернувся він до студентської авдиторії.

# 3

Уляна Янків чекала на подругу в джаз-клубі. Зайняла місце подалі від сцени, бо добре знала, що вони більше розмовлятимуть, ніж слухатимуть музику. Уляна ніколи не любила джаз, зрештою, як і Марія, але ходити на такі концерти серед музикантів вважалося правильним. Там завжди збиралося певне добірне товариство, до якого й вони належали. До того ж новий клуб мав жорсткий фейс-контроль. Завдяки музиці й височезним цінам на алкоголь там майже ніколи не було пустоголових малоліток, як не раз зауважували між собою подруги. Були, звісно, юні німфи, які постійно пили один коктейль у надії підхопити спонсора, але і їх останнім часом ставало все менше. Часи змінилися, мало хто тепер шукав собі таку мороку в закладах. Потім ще думай, як від неї відв'язатися. З появою тіндера та інших сайтів за інтересами лóви хлопа на живця втратили свою актуальність. Марія та Уляна, як бувалі гетери, давно спостерігали за цим процесом і в душі раділи, що застали інше життя. Життя, в якому ще відчувалася тепла кров у жилах, а не у смартфонах.

Марія прийшла вчасно. Уляна одразу помітила її завдяки всипаному блискітками широкоплечому блейзеру. Марія широко всміхалася, демонструючи ідеально білі імпланти. Жінка вставила собі двадцять чотири імпланти на п'ятдесятиліття і ще жодного разу не пошкодувала, що вирвала дрібні проблемні зуби, які лише додавали їй зайвих років.

— Ти що п'єш? — одразу запитала після обміну поцілунками.

— Текілу.

— Ого. Ні, мені сухе мартіні, — сказала офіціанту.

Людей у закладі було мало, хоч музиканти вже грали на сцені.

— Ну так ми ж святкувати зібралися, чи нє? — усміхнулася Уляна, пригладжуючи зачесане у хвіст чорне волосся.

— Твоя правда.

— Ну, як перша ніч у центрі міста? Після Грибовичів є різниця?

— Собаки не гавкали. Зате голуби билися крилами у вікно, — коротко відповіла Марія, перехопивши в офіціанта свій напій, коли він лише збирався поставити його на стіл.

— Голуби у вікно? Це до новин.

— Новини є.

Марія підняла догори пальця, а другою рукою почала шукати в сумці телефон.

— Дивися.

— Що це? — уважно переглянувши ранішнє повідомлення, запитала Уляна.

— Не знаю. Це я зранку отримала.

— Від кого?

— Акаунт не справжній. Сама подумай, хто вдома міг мене знімати?

— Павло? Але навіщо йому це?

— Причин може бути безліч. Але всі вони були актуальні до розлучення. Не розумію, нащо він мені зараз це прислав?

— А може, це не він.

— А хто?

— Його нова дружина, наприклад.

— Навіщо їй це?

— Та просто так. Подражнити тебе. Довести до краю. Хто знає, що в них там зараз.

— А я про це навіть не подумала! — раптом широко всміхнулася Марія. — Може, у них там не все гладко, і вона, грішним ділом, приревнувала до мене. От і хоче показати, що я їй не конкурентка. От що б я без тебе робила?

— Але це не знімає питання, хто тебе знімав удома й навіщо, — продовжила Уляна.

— Та Павло це знімав. Що тут неясно?

— Я думала, він хороша людина. Ну, судячи з того, що ти колись розповідала.

— Знаєш, людина він, може, і хороша, — Марія взяла з рук офіціанта друге мартіні, — але як мужик він справжній шакал. Ніколи мене не любив. Я просто була дуже зручна. Гроші заробляю, удома буваю зрідка.

— Та не кажи так. У вас була любов. Просто без гепіенду.

— Ні-ні. Ти просто не все знаєш.

Уляна з цікавістю підсунулася ближче до подруги, щоб музика зі сцени не перебила жодного слова розповіді.

— Він мене не любив, бо не жалів і не шанував. Я зробила одинадцять абортів за двадцять років шлюбу. Хіба це було б можливо, якби він думав про мене?

— Він примушував тебе переривати вагітність? — із жахом в очах запитала Уляна.

— Ні. Це було спільне рішення. Але коли хлоп шанує жінку, то вже постарається, щоб вона не залітала. Принаймні не так часто. А йому завжди було начхати. Одного разу, між іншим, я хотіла залишити вагітність, і тоді він натиснув на мене. А може, і не натиснув, але точно не зрадів. А то вже майже три місяці було. Іноді згадую — і сумно мені стає саме. Я тоді якось готова була чи що... А він — ні.

— Зате він тепер готовий, — сказала Уляна. — У 55 років, коли б уже внуків мав колисати, двійню встругнув.

— Ну, він ще той стругач, — сказала Марія й раптом голосно розреготалася.

Обидві почали так сміятися, що годі було зупинитися. Від сміху в Марії здригалися плечі. Здавалося, що це дві п'яні старшокласниці на шкільній вечірці.

— Смійся, смійся, — регочучи, примовляла Уляна. — То так стрес виходить. Сміймося!

— А між іншим! — раптом вигукнула Марія. — У мене вже набралося сто годин терапії, на якій я здебільшого про Павла говорила. І на тобі! Сьогодні зустрілися святкувати, а я знову за нього говорю. Та пішов він!

— Це точно. Тобі давно пора послати його.

— Та пішов він! — знову повторила жінка. — Давай просто святкувати.

— За тебе, моя дорогенька! За твою свободу! Шістдесят років — ще не вирок. Пам'ятаєш того твого шанувальника з Ляйпцига, що жодного виступу тріо бандуристок не пропустив?

— Так.

— От напиши йому! — провадила Уляна. — Чим не кавалєр? У нього своя броварня, а ти пиво любиш.

— Ні. Я б уже не хотіла такого щастя. Своє старе — це одна справа, а чуже старе — там уже купа нюансів.

— Ну то молодого знайди! У чому проблема?

— Та нема проблем. І потреби наче також немає.

— Це зрозуміло. Після стількох хіміотерапій було б дивно, якби ще були якісь потреби. Але все ще буде, повір мені. Усе ще обов'язково буде добре.

— Я не про ті потреби. Я загалом. Мені треба якось звикнутися, що немає дому. Спробувати жити в місті. А як не вийде, то продам цю хату й куплю щось геть простеньке в Брюховичах.

— А ти візуалізуй. Я завжди своїм пацієнтам раджу це робити, — помітно оживилася Уляна. — Це — рушійна сила внутрішньої трансформації, яка дуже швидко переходить у зовнішню...

— Ні-ні, — перебила її Марія. — Усі ці візуалізації не працюють. Принаймні в мене це працює з точністю навпаки. Коли ти в мріях, уяві, фантазії — можна назвати як завгодно — проживаєш своє бажане майбутнє, то десь далеко в іншій матриці воно вже відбулося. А те, що десь відбулося, уже ніколи не повториться. Лише повний релакс і віра у вищі сили, які тебе правильно ведуть, можуть коригувати результат. А всі ці карти бажань — то для підлітків або інфоциганів. Та й таке. Тільки не ображайся, я тебе прошу. Знаю, що ти спеціалістка, але я вже давно стала сама для себе спеціалісткою в усіх галузях.

Марія поклала руку на плече подруги, бо та помітно скривилася й не могла приховати образи.

— Твоє життя ніхто за тебе не проживе, — лише сказала у відповідь.

— Це точно. І воно, погодься, не найгірше. Я весь світ побачила. Так, я не стала солісткою в «Ля Скала», але, може, мені того й не треба?

— А Павло?

— А навіщо ти зараз про нього нагадуєш? — здивувалася жінка.

Уляна промовчала. Вона розвернулася до сцени й почала уважно слухати невимушені джазові стандарти у виконанні відомого львівського бенду.

Марія знову помахала офіціантові. Хлопчина миттю підскочив.

— Принесіть нам пляшку сухого шампанського. Найкращого, — попросила вона.

— Я так розумію, що поки на столі не з'явиться шампана, ми так і не усвідомимо, що прийшли сюди святкувати новосілля.

— Це точно, — засміялася Уляна і знову розвернулася до подруги. — І Павло буде, як чорт із табакерки, вискакувати при кожній розмові.

— Ну це вже закон, — розвела руками Марія.

— Треба викинути цей закон, раз і назавжди.

Хлопчина-офіціант приніс пляшку «Моет е Шандон» у відерці, наповненому колотим льодом.

— Що ж, вітаю себе! — підняла келих Марія.

Вона сказала це надто голосно. Знайомі музиканти на сцені почули й дружно помахали їй інструментами.

# 4

Прокинулася Марія серед ночі від того, що страшенно хотіла пити, а у скронях бухкало. Зловила себе на тому, що лежить на лівому боці, хоча вже давно не дозволяла собі спати інакше як горілиць. Була переконана, що після сну на боці чи на животі залишаються зморшки, яких потім годі позбутися. Спросоння заплуталася в оксамитових штора, хоча й не пам'ятала, щоб звечора засувала їх. Утім, вона прийшла така весела, що могла просто не зауважити. На кухні в холодильнику на неї чекала пляшка «Боржомі». Марія завжди, коли планувала хильнути, купляла на ранок мінералку. Цього разу мінералка знадобилася з ночі. Бухкання у скронях не припинялося. Дістала електричний апарат для вимірювання тиску, запхала туди ліву руку, рівно сіла на стілець. На табло висвітило 170 на 100. Тиск був надто високим, і Марія випила пігулку. Прикрила очі й стала чекати, коли подіє. Лягати далі спати з тиском вона не ризикувала. Раптом їй здалося, що за вікном на ґратах висить якась тінь. Жінка придивилася, намагаючись навести різкість, але спросонку й без окулярів не могла чітко зрозуміти, що їй ввижається.

Устала з крісла й підійшла впритул до вікна. Тінь за вікном плавно посунулася, як ртуть. Почувся звук, наче сиплеться щось крихке. І все зникло. Марія глянула вниз і побачила, що долівка під вікном укрита коричневим мокрим піском. Вона ще раз придивилася до вікна й помітила, що стара замазка на вікнах кришиться. Принаймні це могло бути притомним поясненням. Марія зітхнула. І вперше пожалкувала, що не купила квартиру зі свіжим ремонтом. Але сюди щось її манило, вона не могла зрозуміти цього дивного відчуття. У квартирі вона відчувала збудження, щось таке, що не давало їй відмовитися від можливості володіти нею.

Вона завжди любила антикваріат. У старому грибовицькому домі було багато меблів, картин, посуду з антикварних лавок і блошиних ринків. Вона любила речі, які несли в собі послання з давнини, з минулих століть. Мабуть, і квартиру цю вона сприймала як чергову цяцьку. Щось таке, що несе в собі історію й наповнене глибиною чужих емоцій.

Марія переміряла тиск, усе вже було в нормі. Але вона перебила собі сон. На годиннику показувало четверту ранку. Вона попила ще води, погортала нотатник на завтра. Згадала, що зранку мають привезти телевізор, який вона тиждень тому купила. Записала в нотатник, що треба викликати майстра для ремонту по дому, і пішла в ліжко. Тиск останнім часом у неї часто скакав. Взагалі ці проблеми почалися після розлучення. Усе найгірше в її житті — через нього, подумала Марія, заплющила очі й миттєво провалилася в сон-марення.

* * *

Бувають сни, коли знаєш, що ти спиш і бачиш сон. Так і цього разу. Марія чітко усвідомлювала, що дивиться сновидіння, бо у своєму сні пам'ятала, як лягала в ліжко й засинала. У сні на ній була та сама батистова сорочка, що і в реальності. Лише рухи стали дуже легкими, наче ноги майже не торкалися землі. У кімнаті стало зовсім світло від місяця, що потрапляв сяйвом у самісіньке вікно. Це світло лилося на килим. Марія відгорнула його і знайшла там двері, про які раніше нічого не знала. Ці двері були поряд із дверима до бібліотеки-кабінету, але кімната, що була за ними, здавалася набагато більшою. У ній було три великих вікна на дві стіни. Марія відчула страшенну радість від цієї знахідки. Виходить, рієлторка навіть не знала, що тут більше кімнат! Це прихована кімната, і вона її знайшла. А як тут багато світла! Тут можна буде проводити уроки й репетиції. Раптом у самому куточку Марія побачила маленьку дівчинку з густим чубчиком. Вона сиділа за домашньою партою і старанно щось писала в зошиті, волосся геть затуляло її обличчя.

— Привіт! А ти що тут робиш? — запитала Марія, і дівчинка підняла обличчя.

У ній упізнала себе. За мить упізнала і свою парту, яку їй колись купив тато. На парті навіть були ті самі наклейки-«переводки» зайців і метеликів, які вона малою там клеїла.

— Що це таке? — прошепотіла жінка й обхопила себе руками, їй стало дуже холодно.

Дівчинка за партою також обійняла себе й усміхнулася. Увесь простір навколо був наче наповнений сонячними зайчиками чи мильними бульбашками, вони переливалися й дуже повільно переміщувалися в просторі. Десь згори залунала пісенька в супроводі фортепіано. Марія впізнала пісню-колискову «Котику сіренький». Колись маленькою часто співала її на шкільних концертах. Навшпиньки вийшла з кімнати, килим ударив її по обличчю, і вона прокинулася. Поверхом вище і справді хтось грав на фортепіано, а дитячий голос співав колискову «Котику сіренький». Марія відчула, що їй дуже холодно. Устала з ліжка й пішла затопити пічку. По дорозі про всяк випадок відігнула величезний старовинний килим із зображенням лицарського турніру й переконалася, що там глуха, але відсиріла стіна.

З третьої спроби розтопила пічку, яка одразу затишно загула. Від цього гулу миттю ставало тепліше. Марія почула, що на телефон прийшло повідомлення, але не поспішала відповідати. Спершу довго приймала гарячий душ. Як же це незручно робити в тому старому кориті! Коли жінка вперше побачила квартиру, саме ця стильна ванна на ріжках мало не закохала її в себе. Марія мріяла, як набиратиме гарячу воду з мідних кранів, розводитиме піну й ніжитиметься. Та насправді ванна була дуже холодною, а якщо користуватися душем, вода розплескувалася по підлозі. Треба подумати над тим, як модернізувати все це.

Закутавшись у рушники, Марія нарешті взяла телефон і пішла на кухню варити каву. Клацнула по вхідних повідомленнях і побачила, що написав знову Барні 613. Серце миттю закалатало, але вона натиснула на відео.

Спершу на екрані були сірі смуги, наче перешкоди, а за мить вона вже побачила себе — сиділа за столом на кухні. Зйомка велася з вулиці через ґрати, це було очевидно. Марія гортала записник і робили записи. Без сумніву, її зняли цієї ночі. Навколо знову було багато перламутру й об'ємних блискучих плям, як у сні. Дивувало інше. На голові в неї була синя накидка, а в руках Марія тримала старий глиняний глечик. Хтось не полінувався зайнятися відеомонтажем. Але навіщо? Марія кілька разів передивилася відео. Воно було зовсім коротким. Щось їй нагадувала ця картинка. Наче десь вона вже бачила щось схоже. Аж раптом її осяяло! У них удома, ще на Левандівці, висіла ікона, на якій була зображена жінка в синій накидці і з глечиком у руках.

Миттю загуглила запит — хотіла з'ясувати, кого на іконах зображають із глиняним глечиком. Відповідь ошелешила. Така ікона насправді існує. І свята, яку майже завжди зображають із глечиком у руках, — також не плід її бурхливої уяви. Це Марія Магдалена.

# 5

Упіймала себе на тому, що в неї тремтять руки. Стрімголов побігла в кімнату по гідазепам і цигарки. Руки й далі тремтіли, поки намагалася видушити ліки з пластинки. Другою рукою раз за разом умикала відео, щоб знайти там бодай ще щось. Вона не знала, чого шукає, але хотілося віднайти якесь логічне пояснення. Нарешті зупинилася. Розсмоктала гірку пігулку — так вона швидше подіє. Руки перестали тремтіти, вона дістала ментолову цигарку й набрала номер Уляни. Та майже одразу відповіла.

— Привіт, дорогенька! Як ти там? У мене щось таке похмілля... Давно такого не було...

— Привіт! Я нормально. Але в мене знову повідомлення від штопаного ведмедя.

— О! І що там цього разу?

— Мене вночі хтось знімав із двору. Тобто зняли, як я вночі сиджу на кухні. Виходить, хтось стояв у мене на балконі. Я навіть помітила там якусь тінь. Підійшла, але нікого не було. Лише під вікном — купка мокрого піску.

— Із боку вулиці?

— Ні! У тому-то й річ. У мене на кухні під вікном пісок.

— Слухай, то треба поліцію викликати, — перелякано сказала Уляна. — Ти з тим не жартуй.

— Я вже думала про це. Але є один нюанс.

— Який?

— На відео в мене синє покривало на голові, і в руках я тримаю глечик, такий, як у Марії Магдалени.

— Що? — перепитала Уляна.

— Глечик, як на іконі. У Марії Магдалени такий самий.

— Ти що, всю ніч пила? — раптом різко запитала подруга.

— Я тобі зараз перешлю, якщо не віриш! — нервово крикнула Марія й кинула трубку.

Переслала відео подрузі, вичекала кілька хвилин, щоб Уляна мала час усе роздивитися, і знову набрала її.

— Як тобі? Тепер ти мені віриш?

— Там нічого немає. Просто сірі смуги й шипіння, — втомленим голосом неквапливо протягнула Уляна. — Я не зовсім добре почуваюся після вчорашнього. Давай увечері поговоримо. У тебе там усе гаразд?

— Так, усе гаразд, — на автоматі відповіла Марія.

На паралельній лінії завібрував вхідний дзвінок від Павла.

— Слухаю.

— Привіт. Ти вчора мені дзвонила. Вибач, не міг потім передзвонити. Близнючки захворіли. На роботі аврал. Коротше, все як завжди. У в тебе як справи? Ти вчора говорила про якесь відео. Я ніяких відео тобі не надсилав. Якщо тебе десь зняли в «ню», то це не я.

— Це вже не актуально, — коротко відповіла Марія. — Лікуй малих. І сам не хворій.

— Та мені не можна. Я тримаюся, — усміхнувся Павло.

— От і добре.

— У тебе точно все гаразд? Заїхати після роботи?

— Заїдь, — стрепенулася Марія. — Я щось ніяк не звикну до життя в місті. Мало не плачу, так бракує землі і квітів.

Павло замовк. Він розумів, що відняв у неї це все. Але як він міг інакше вчинити? Нащо їй цей величезний будинок на 400 квадратів? І сад надто великий. Недарма вони щоліта наймали садівника, а восени запрошували його прибирати листя. Вона цілком могла дозволити собі скромніше помешкання. Але марнославство не дозволило. У нього малі діти. Є кому спадки залишати. А кому б дістався будинок, прости Господи, всі під Богом ходимо, коли її не стане? Ще й та хвороба може повернутися. Якісь племінники заберуть усе майно, яке вони разом двадцять років наживали. Так не раз думав Павло й миттю заспокоював легкі докори сумління, що починали його гризти, коли Марія скаржилася на свою долю.

— Я заїду, — повторив він. — Десь по обіді. Між парами.

— Добре, — коротко сказала жінка.

Вона не знала, чи варто тепер розповідати йому про те, що відбувається. Чи можна йому довіряти? А раптом він усе так поверне, наче вона божевільна? А може, це і є його план? Представити її божевільною, відняти всі статки й запроторити на Кульпарківську? Раптом у голові в неї щось перемкнулося. Вона побачила, що пазли сходяться. Он який люб'язний, аж у гості напросився, а так за десять років на пальцях можна перерахувати, скільки разів до неї приходив! Хоче «прощупати обстановку». Думає, почну йому жалітися. А ні фіга не буде! У мене все прекрасно!

Марія знайшла пояснення всій цій вакханалії й миттєво відчула себе краще. «Все-таки ці пігулочки — порятунок для нормальної людини, коли навколо стільки ідіотів», — подумала вона і стерла профіль Барні 613 із контактів телефона.

У двері подзвонили. Марія й не знала, що тут такий приємний дверний дзвоник. Накинула оксамитовий халат і пішла відчиняти.

— Доставка телевізора, — почула вона з того боку.

Марія відчинила двері і впустила молодого чоловіка приємної зовнішності з величезною коробкою в руках.

— Ого, який він великий! — здивувалася жінка.

У магазині плазма здавалася їй значно меншою.

— Все залежить від кімнати, — усміхнувся чоловік. — Олег.

— Марія.

Відійшла вбік, поки він проносив телевізор усередину. Потім чоловік чемно зняв взуття й пішов за нею вглиб квартири.

— Ось тут я би хотіла його повісити, — сказала Марія, вказуючи на протилежну від закритого за оксамитовою портьєрою ліжка стіну.

— Зараз прикріпимо, — усміхнувся чоловік. — У вас ну прям гігантська кімната. Тут він на своєму місці.

— Так, — погодилася жінка. — Тут 45 квадратів.

— Ого.

— У моєму домі, — провадила вона, — було 400 метрів. Тому я навіть не відчуваю, що вона якась особлива.

Олег із розумінням кивнув.

— А я думала, ви лише доставка. Не знала, що будете вішати.

— Я все можу. Ви лише скажіть, які є потреби. Немає такої роботи, яку я б не міг зробити.

— Майстер на всі руки, — усміхнулася Марія.

Вона раптом знову відчула себе красивою жінкою й пошкодувала, що не привела себе до ладу. Інтуїтивно поправила волосся й високо задерла підборіддя. Чоловікові було не більше тридцяти. Але ж сам говорить, що майстер на всі руки. Марія усміхнулася власному каламбуру.

— А мені й справді тут багато що треба зробити. Вас мені сам Бог послав.

— Можете в цьому не сумніватися, — усміхнувся Олег і повернувся до Марії.

Він приязно дивився на неї. В очах було багато веселих вогників і тепла.

Видно було, що він насолоджується спілкуванням. Це лестило.

— Може, зварити вам кави? — запропонувала вона.

— Не відмовлюся.

— До кави, правда, нічого й запропонувати. Я лише другий день, як в'їхала в це помешкання. І чоловічі руки потрібні зараз особливо. На кухні взагалі хочу ремонт зробити. А ремонти ви також робите?

— Звісно. Я роблю все, на чому можна заробити. Сина віддав учитися в приватну школу. А це неабияких грошей коштує. Через ковід утратив свою постійну роботу, то тепер за все беруся.

— Ви так важко хворіли?

— Ні. Я взагалі не хворів. Але через епідемію і карантин мене звільнили. Та то довга історія.

— Нічого, я маю вдосталь часу. Але це згодом. Поки піду зварю нам кави, — усміхнулася Марія й пішла на кухню.

Її дуже втішила поява цього молодого чоловіка. Він був сповнений енергії, молодий, життєрадісний. Саме те, чого бракувало цим старим стінам. Наведе тут порядок, підлатає хату, а далі вона подумає, жити тут далі чи все-таки втікати на природу.

— А дружина ваша ким працює? — запитала Марія, заносячи в кімнату антикварну срібну тацю, на якій лежала цукерничка, два горнятка і щипчики для рафінованих цукрових шматочків.

— Вона залишилася в Жидачеві. Вона докторка, фельдшерка.

Олег із цікавістю подивився на срібне горнятко, вушко якого було зроблене з кістки, щоб не обпекти пальці, коли всередині гарячий напій.

— Красиво, — сказав він і відпив ковток. — І смачно.

— Так. Для мене важливі не лише наповнення, а й форма, — усміхнулася жінка. — І як ви так живете?

— Так і живемо. Так склалися обставини. Тут у мене більше можливостей заробити власними руками. Далі взагалі планую в Київ поїхати.

— Ну це вже після того, як у мене все зробите, — віджартувалася Марія. — Я вам добре платитиму.

Олег промовчав. Наступні десять хвилин він мовчки кріпив на стіну телевізор. Марія пішла до ванної кімнати, щоб привести себе до ладу. От-от мав ще й Павло прийти, їй хотілося мати вигляд на всі сто. Уміло підкрутила волосся, нафарбувалася й одягнула свою фірмову пов'язку, яка була такою тісною, що тягнула на скронях волосся, заразом підтягуючи й обличчя. Такий собі механічний ліфтинг власного виробництва. Марія зняла оксамитовий халат і одягнула шовкове кімоно. У ньому було дещо прохолодно, але ефектний вигляд був того вартий. У ній жила передусім артистка.

Марія вийшла з ванної кімнати і впіймала здивований погляд Олега. Це їй лестило. «Якщо цей молодий чоловік так здивувався, то те старе пердло, яке зараз прийде, тим більше здивується», — подумала вона. Майже одразу дзенькнув дзвінок на вхідних дверях.

— Це мій колишній чоловік, Павло, — пояснила вона. — Розійшлися десять років тому, а все швендяє туди-сюди.

— Буває, — коротко сказав Олег.

Марія відчинила двері й стала на проході — так, що Павло змушений був протискатися боком. Він ніяк не відреагував на зовнішній вигляд Марії, але її це й не здивувало. Він завжди ігнорував її. Така вже вдача. Все в собі тримає.

— А в тебе тут гарно! — сказав він і простягнув коробку шоколадних цукерок.

— О! Дякую. А ми вже якраз каву попили. Шкода, що ти раніше не прийшов.

Павло промовчав і пішов углиб квартири. Побачив, що майстер уже складає інструменти.

— Маріє, я вже піду. А ви дзвоніть мені, як тільки вирішите, з чого будемо ремонт починати. Ось мій номер телефону. Я є у вайбері. Перед тим як дзвонити, поскидайте мені фотографії з місцями, які треба ремонтувати, щоб я вже розумів обсяг роботи. Буду чекати на ваш дзвіночок, — сказав він і простягнув візитівку.

Марія з радісною усмішкою взяла картку й поклала Олегові в долоню 500 гривень за роботу. Той мовчки сховав гроші в кишеню. Минаючи Павла, недбало промовив:

— Бувай, батя, — і вийшов з квартири.

Марія зачинила за майстром двері. Згори знову почав линути спів. Цього разу пісня, яку Марія дуже часто виконувала на концертах: «Ой, не ходи, Грицю, та й на вечорниці». Виконання було дуже щемке та філігранне. Марії навіть здалося, що то вона співає. Дуже схожий був голос. До того ж співачка робила точно такі ж паузи і брала дихання в тих самих місцях, що й Марія. «Певно, по моїх записах навчалася», — подумала вона й розвернулася до Павла.

— Як ти там, молодий батьку? — запитала вона.

— Та, певно, не такий уже й молодий, якщо той дядько назвав мене щойно «батею», — зіронізував Павло, але Марія надто добре його знала. Вона відчула нотки прихованого роздратування.

— А що ти хотів? Це молодий хлопчина. Йому років тридцять, не більше.

Павло відчинив двері до кабінету, заглянув за штори.

— А чого в тебе ліжко у вітальні? Серед богеми то зараз модно? — запитав він.

— На що вистачило грошенят, те й купила.

— Але на рахунку в тебе ще залишилося. Тож не прибідняйся.

— На рахунку в мене гроші на випадок рецидиву. Лікування не з дешевих. Або на смерть. Або одне, або друге, — відповіла й відчула, як знову провалюється в цей гидкий стан.

Щоразу, коли вона бачила Павла, спрацьовував якийсь умовний рефлекс. Їй ставало зле, починало наче вивертати всередині. Дихати ставало важко. З'являлося відчуття безпросвітного суму. Вона так і не навчилася приймати його в новому статусі. Сто годин терапії котові під хвіст! Треба було піти до когось тямущого. А вона ходила до Уляни

Янків. Майже кожен сеанс закінчувався потім у барі. Уляна брала гроші за терапію, а потім ще й приймала гостинці від згорьованої жінки. Звісно, їй уже не хотілося видряпати йому ці красиві блакитні оченята, як на самому початку, коли взнала, що їхньому шлюбу кінець. Та полегшення все одно залишилося примарним.

— П'ємо каву? — запитала Марія.

— Давай краще чай, — Павло подивився на годинник. — Потім не засну. Для кави вже пізно.

Марія поставила чайник.

— То це не ти шлеш мені кумедні відео? — обережно запитала.

— Кумедні — це які? — поцікавився чоловік.

— Релігійного характеру, — провадила жінка.

— З якого це часу релігія стала для тебе чимось кумедним? — здивувався Павло. — Начебто тільки на Різдво бачив, як ти постила в інстаграмі фоточки з меси.

— Не треба глузувати, — серйозно сказала Марія.

Налила в чайник окропу. Свої речі вона ще всі не перевезла. А цей чайничок знайшла в кухонному буфеті. Він був в ідеальному стані й міг навіть претендувати на «щось типу соцреалізму».

— То це не ти? — знову перепитала, вдивляючись йому в очі.

Хотіла розгледіти бодай якісь ознаки брехні, але чоловік добре тримався, а потім відвів погляд убік і змінив тему розмови.

— Ти чуєш цей спів поверхом вище?

— Та ще начебто не оглухла, — відповіла жінка і знову пожалкувала, що нагрубила.

— Це точнісінько твоє виконання. Помітила?

— Так, помітила. Думаю, ця пані навчалася за моїми аудіозаписами.

— А ти не хочеш піднятися й подивитися, хто це так гарно співає?

— А треба? — знову різонула Марія.

— Я б на твоєму місці подивився, — сказав Павло і піднявся з-за столу. — Вибач. Мушу бігти. Зараз у мене наступна пара. Студенти чекають.

— Та вони тільки зрадіють, якщо ти не прийдеш.

— Звісно, зрадіють, — погодився чоловік. — Але завжди знайдеться якийсь такий студентик, який ніколи не ходить на пари. І сьогодні, за законом підлості, він прийде. Саме такі потім найбільше бігають по аудиторіях, заглядають у деканат і стурбовано питають: «А де пан професор? А його що, сьогодні не буде? А я прийшов учитися, чому його немає?».

Марія голосно розсміялася.

— Як точно ти це підмітив!

— Та вже не раз таке було. Тому вибач, мушу бігти.

Павло обійняв її і якось зовсім щиро сказав:

— Я радий за тебе. Маєш чудовий вигляд. Квартира прекрасна. Все буде добре, от побачиш!

Вони разом вийшли з квартири. Павло пішов униз, а Марія повернула сходами догори, туди, звідки линув спів.

Як виявилося, поверхом вище — музична школа! В одному з класів Марія побачила дівчинку років п'ятнадцяти. Саме вона й співала пісню. Коли Марія відчинила двері кабінету, дівчинка розгубилася і припинила співати.

— Добридень, — привіталася Марія. — Я ваша сусідка знизу. Піднялася подивитися, хто це так неперевершено виконує мою улюблену пісню «Ой, не ходи, Грицю, та й на вечорниці».

— Добрий день, — привіталася викладачка, яка сиділа за фортепіано. — Заходьте.

— Та я на хвильку.

Марія думала, що її зараз упізнають і доведеться довго розмовляти, але цього не сталося. Вчителька й дівчинка дивилися на неї, не проявляючи жодних ознак того, що побачили знаменитість.

— Яка, ви кажете, ваша улюблена пісня? — перепитала вчителька.

— «Ой, не ходи, Грицю, та й на вечорниці», — повторила Марія. — Я сама часто її виконувала. А тут почула знизу спів і виконання, дуже схоже на моє.

— Дивно, — сказала дівчинка. — Але я ніколи не співала цієї пісні. Ми зараз розучуємо арію Россіні для конкурсу «Музика в старому Кракові».

— То ви не співали «Гриця»? — спантеличено перепитала Марія.

— Ні, — разом відповіли і вчителька, і юна вокалістка.

— Перепрошую, — сказала Марія й хутко вийшла в коридор.

Почала зазирати до інших класів, але там нікого не було. Деякі кабінети взагалі зачинені на ключ.

— Ви когось шукаєте? — почула вона позаду голос і обернулася.

Там стояв старий ліфтер, з яким вона кілька днів тому познайомилася в під'їзді.

— Так, це я, — випереджаючи запитання, сказав літній чоловік. — Підробляю тут на пів ставки черговим, — пояснив він.

— Ні, я нікого не шукаю. Гарного дня, — сказала Марія й вийшла.

Вже на своєму поверсі побачила, як жінка приблизно її віку відчиняє ключем двері одразу навпроти квартири Марії.

— Доброго дня! — надто різко вигукнула Марія, схвильована після останніх подій.

— Доброго здоров'ячка, — відповіла їй сусідка.

Вона була в довгому сірому пальті й хустині. У руках багато сумок, з вигляду доволі важких.

— Були на закупах? — спробувала згладити ситуацію Марія. — Я ваша нова сусідка.

— О, приємно познайомитися, — широко усміхнулася жінка. — Я пані Стефа. А ви як? Щось не розчула...

— Я Марія.

— І як вам, пані Маріє, тут живеться? Все добре? — запитала вона.

— Та наче добре. А що? — знову надто різко запитала.

— Та нічого такого. Всяко буває. Коли самотня жінка переїздить на нове місце, то часом виникають якісь складнощі.

— Чого ви вирішили, що я самотня? — запитала Марія.

— Бачу, обручки на пальці немає, але на вдову не схожі, — натякаючи на яскравий одяг, сказала сусідка. — То я так собі подумала. Дітки, певно, вже дорослі. Кожен у своєму гніздечку, — додала вона. — Поверхом нижче мешкає подружжя Горошкових. Познайомтеся з ними. Вони можуть бути цікавими співрозмовниками.

— Гарного дня, пані Стефо, — обірвала її Марія.

— І вам доброго здоров'ячка. Звертайтеся, раптом що, — відповіла пані Стефа.

Вона нарешті відкрила двері своєї квартири на вузеньку шпарину і прослизнула всередину так, щоб сусідка не побачила, яке в неї помешкання.

*Павло*

Павло любив повертатися додому після роботи. Там на нього завжди чекала гаряча вечеря, веселий сміх близнючок і тепла атмосфера дому, в якому живе любов. Та сьогодні, після зустрічі з Марією, у нього залишився на душі гіркий осад. Він навіть відчував якусь дивну провину, що живе повним і щасливим життям. Зрештою, у кожного своє щастя. Можливо, Марії все те, що його оточує, видалося б буржуазно-примітивним. Вона завжди хотіла від життя чогось іншого. Була аж ніяк не домогосподаркою. Попри ці роздуми, гіркий осад не покидав.

Павло дуже здивувався, коли зайшов сьогодні до колишньої дружини. Побачив її помешкання вперше. Воно видалося йому похмурим, по-готичному темним. Квартира, в якій почувався, наче в стародавньому замку або у фільмі про Дракулу. Мабуть, через гігантське ліжко з портьєрами посеред вітальні. На його думку, навіть для епатажної Марії це було занадто. Втім, що він міг знати? Його зношені замшеві черевики на щодень і картаті сорочки з джинсами говорили самі за себе. Павло був надто консервативним. Він не розумів таких експериментів.

У його новому домі все було просто. Кухня, вітальня, спальня й дитяча. Трикімнатна квартира, яку він придбав у кредит і нарешті розплатився з банком після того, як розділив будинок від колишнього шлюбу. Марія досі не могла йому пробачити цього вчинку. Та й він тягнув до останнього, як міг. Але кредити все росли, діти потребували великих капіталовкладень. Він добре заробляв, але постійно відчував брак грошей. Юстина дивувалася, чому він не забере того, що належить йому по праву.

— Ти так само маєш право на той будинок, як і вона, — не раз зітхала жінка. — І головне, твої діти мають право на те, що ти маєш. Не дай Бог із нею щось трапиться — усі твої статки відійдуть її далеким родичам. А наші діти залишаться без нічого...

— Я ще зароблю, — відмахувався Павло, хоча прекрасно розумів, що дружина має рацію.

Марія жила, як королева, у величезному будинку та ще й постійно скаржилася на комуналку. Якось навіть почала тиснути на нього, щоб він давав їй половину за газове опалення. Мабуть, це й стало останньою краплею. Щось тоді в ньому перемкнуло. Усе благородство й лицарство, яке він так плекав та поважав у собі, луснуло, як риб'ячий міхур. І він сказав колишній, що розділятиме нерухоме майно. Істерика тоді була неймовірна. Марія навіть винесла все в публічну площину й мало не щодня строчила пости у себе на фейсбуці, переповідаючи, як колишній хоче відняти в неї хату, куплену на її власні статки. Це було її другою помилкою. Такою поведінкою вона лише укріпила думки Павла щодо правильності його рішення. Марія не хотіла брати участь у судовому позові. Вона знала, що лише осоромиться, бо точно програє. Правда була на його боці, адже спільних дітей подружжя не мало. Згодом вони розділили гроші — і Марія купила собі цю дивну квартиру.

Павло налив на денце ароматного віскі. Юстини не було вдома. У неї сьогодні вечірні заняття у спортзалі.

Близнючки гралися в себе в кімнаті. Павло міг спокійно посидіти на дивані, поринувши у власні думки. Та думки ці його непокоїли. Йому не сподобався молодий майстер, якого зустрів у колишньої вдома. Олег, здається? У ньому було щось відразливе й водночас лячне. Марія говорила, що він дуже веселий і приємний, але Павлові так не здалося. На вигляд якийсь загадковий, напружений і брехливий. А це звернення: «Батя»! Павло терпіти не міг такого панібратства. До того ж майстер був наче дві краплі води схожий на його діда. Точно те саме обличчя, усі риси наче скопійовані під копірку! Діда свого Павло не любив. Він був людиною жорстокою. Можливо, тому й цей Олег видався йому таким неприємним?

Павло допив до кінця віскі, рішуче поставив склянку на стіл і потягнувся до телефона. Йому не хотілося цього робити, давно не спілкувався зі своячкою, але відчував, що мусить розділити з кимось свої враження. Надто вже вони були неоднозначні.

— Я слухаю, — Ольга бадьоро зняла слухавку.

— Привіт. Це Павло.

— Який Павло?

— Чоловік Марії.

— А-а-а. Я вже й забула твій голос, — почала виправдовуватися жінка.

— Воно й не дивно. Давно не чулися.

— Згодна.

— Я чого дзвоню... — Павло намагався дібрати правильні слова. — Навіть не знаю, з чого почати...

— З нею все добре? — перелякано вигукнула Ольга.

— Так. Усе добре. Щойно від неї.

— І що?

— Бачив її нову квартиру. Погомоніли коротко. Мав повертатися на роботу...

— А що не так?

Ольга не могла зрозуміти, чого від неї хоче свояк. Вони й раніше мало перетиналися — Марія не любила влаштовувати сімейних зібрань. А тепер узагалі — багато років не бачилися і не чулися.

— Все наче так, але залишився якийсь неприємний осад. Там похмуро, депресивно так. Короче, знаєш, є такий вираз: як на тому світі... Розумієш, про що я?

— Розумію. Але про смаки не сперечаються. Аби їй подобалося.

— Може, ти сходиш до неї? Можливо, порадиш щось.

— Коли вона до моїх порад прислухалася? Вона взагалі вже який тиждень трубку не бере. Лише відписує, що передзвонить. І все. Мене ніхто не запрошував на новосілля. Чого я припруся туди?

— Ну ти ж знаєш Марію. Вона така вся прошена... — намагався пом'якшити Павло.

— Знаєш, я вже в тому віці, що й сама прошеною стаю. Ти краще скажи мені, вона огляд проходила плановий? Такі речі не можна пропускати.

— Я не знаю.

— От і я не знаю. Все дзвоню їй, щоб поцікавитися, а вона це так вороже сприймає, наче я смерті її чекаю. Чесно кажучи, неприємний осад від таких розмов.

— Може, ти перебільшуєш?

— Ні, не перебільшую. Вона навіть сама мені це говорила.

Павло голосно видихнув і протер долонею очі. Відчував утому від того, що знову поринув у лоно цього сімейства.

Колись давно часто називав їх «Кайдашами». Минув час, але нічого не змінилося.

— Вибач тоді. Просто не знав, кому подзвонити. Хотілося поділитися.

— Ти добре зробив, Павле. Мусимо триматися вкупі. До речі, як твої малі? Цієї зими діти багато хворіють. Навіть школи вже на карантин позакривали.

— Та ми майже не вилізаємо зі шмарклів. Такє.

— Зрозуміла. Ну, тримайтеся.

— І ви тримайтеся. Вірі вітання.

— Дякую. Донечці буде приємно. З того часу, як ти підтягнув її з математики, завжди згадує тебе з удячністю.

Павло поклав слухавку й почув, що відчиняються вхідні двері. Це Юстина поверталася із занять спортом.

# 6

Марія стояла на високому табуреті й копирсалася в антресолях на кухні. У тих шафках, що розмістилися під самісінькою стелею, жінка знайшла повні коробки зі старими консервами, тушонками й закрутками компотів. Марія обережно знімала коробки і складала в ряд біля балкона. Тушонки мали особливо бридкий вигляд. М'ясо пожовкло й нагадувало банки в підсобці судмедексперта. Компоти зберегли прозорість і насичений колір, але самі ягоди на дні перетворилися на бурду, якої не можна було ніяк ідентифікувати. Ще на антресолях було багато великих круглих консервів із оселедцем, датованих 1943 роком. Вони вкрилися іржею і погано пахнули.

Марія обережно посунула цю коробку й позаду неї побачила розсипані різнокольорові фішки, які використовують лише в гральних домах. Ця знахідка її неабияк зацікавила. Марія згребла вкриті пилом фішки. Разом із ними зачепила кілька мертвих мух, павуків і з огидою обтрусила руки. З антресолей насипалося багато піску, він був повсюди на долівці.

Марія пилососом прибрала його, хоча це видалося непростою справою. Пісок постійно скочувався в одну кучугуру, а потім знову розлітався на дрібні крупинки. Впоравшись із піском, Марія повернулася до знахідки. Обережно по одній зібрала всі фішки. Їх було небагато. Три зелені, дві червоні й одна жовта. Але коли Марія помила їх під краном, жовта фішка перетворилася на золоту. Знахідка заворожила жінку. Рієлторка їй говорила, що на цьому поверсі в часи війни було підпільне казино. Тож фішки — значно старші за неї. Їх тримали в руках офіцери та красиві пані. Вони, мабуть, і коштують чимало. «Треба буде сходити до антиквара». Загуглила світові аукціони, щоб знайти схожі лоти. Заглибилася в пошуки, аж раптом почула в дворі-колодязі дитячі крики.

Марія поклала телефон і вийшла на балкон. На вулиці вже сутеніло. Жінка побачила, що внизу четверо дітлахів мотлошили п'ятого. Хлопчик чомусь навіть не відбивався. Він затулив голову руками й мовчки приймав удари. Кричали його нападники. Вони радісно улюлюкали і знущалися з хлопця.

— Ану, геть пішли! — закричала Марія своїм видатним колоратурним сопрано. — Зараз поліцію викличу! Геть пішли. Шпана!

Шпанюки взагалі не звернули на неї уваги й далі систематично завдавали ударів по голові малого й шарпали за наплічник. Марія вискочила в коридор, накинула на нічну сорочку норкову шубу і в капцях побігла рятувати малого. У кишені в неї був газовий балончик. Вона навіть не думала про те, що використовувати його до дітей буде протизаконно. Просто тримала в руці, як рятувальне круг.

— Ану, геть, шпанюки! — знову закричала вона, наблизившись упритул.

На диво, діти послухалися. Зблизька вони виявилися ще зовсім малими. Років по десять. Хлопчик, якого товкли, навіть менший.

— Валіть додому! — знову закричала Марія й підійшла до скривленого хлопчика.

— Ви що, його бабця? — запитав один із них.

— Чи то в нього така стара мама? — запитав інший, решта нахабно розреготалися.

— Геть звідси! — знову закричала Марія. — Бо викличу поліцію — і вас поставлять на облік у дитячу кімнату!

Цього разу погроза спрацювала. Банда малюків, як дворові коти, розбіглася геть.

— Як ти? — запитала Марія в хлопчика.

— Нормально, — тихо відповів він.

— Де ти живеш? У цьому домі? Куди тебе відвести?

Раптом помітила, що в малого кров пішла носом. Він почав шморгати й нарешті розревівся.

— Ходімо, я тебе помию. А потім відведу додому. Бо я геть забула, що не вбрана, — сказала Марія й повела малого до сходової клітки.

На сходах зустріла двох людей. Чоловіка й жінку. Чоловік приязно підняв капелюха і привітався з нею.

— Добрий вечір! Ви наша нова сусідка? А я пан Горошковий, а то моя дружина пані Горошкова, — ґречно представив він свою супутницю.

Жінка була у в’язаному беретику та кролячому півшубку.

— Приємно познайомитися. Я Марія Лакрицька.

— Ми вас упізнали, — усміхнувся в самі вуса сусід. — Я сам на скрипці граю, тож добре знайомий із вашою творчістю.

— Приємно, — сказала Марія.

— А куди ви ведете Сашка? — раптом запитав пан Горошковий, ніби лише зараз помітив хлопця.

— Його якісь хулігани у дворі побили. Насилу розігнала ту банду. От веду носа йому вмити, а потім до мами відведу.

— Та немає в нього мами.

— А з ким він живе?

— Та там така сім'я...

І сусід показово вдарив себе кистю по підборіддю, натякаючи на зловживання спиртним.

— А-а-а-а-а, розумію, — протягнула Марія. — У будь-якому разі його треба помити, а потім піде додому.

— Та так, — погодився сусід. — Дім, милий дім,— замріяно протягнув він, узяв дружину під руку, й вони пішли далі, розтанувши за поворотом біля ліфта.

Марія з малим зайшла у квартиру.

— То ти Сашко? — запитала вона.

— Так. Мене мама Сашком назвала, коли я ще в неї в животику був.

— То ти любиш маму? — запитала Марія.

— Звісно! А хто ж маму не любить!

— А вона тебе? — провадила жінка.

— Напевно, також.

— Чому напевно?

— Вона ніколи мене не обнімала. І не цілувала.

— Прям ніколи? — вже зі сміхом перепитала жінка.

— Ніколи!

— От ти вигадник. Пішли митися. За тими дверима ванна кімната, — вказуючи рукою напрямок, сказала вона.

— А ви можете мені допомогти? — попросив хлопчик.

— А ти хіба вже не миєшся сам? Скільки тобі років?

— Тринадцять.

— Не обманюй. Тобі максимум вісім років.

— Ні, мені тринадцять. І я ніколи не обманюю.

Марія зайшла з хлопчиком у ванну. Вона вирішила не сперечатися. Бідний хлопчина хоче здаватися дорослішим, ніж є насправді. Марія дуже добре бачила вік дітей, бо постійно працювала з ними в музичній школі. Та й узагалі, тут неможливо було помилитися. Бо, окрім того, що Сашко був маленького зросту, в нього навіть поведінка була зовсім дитячою. Інша річ — хлопці в тринадцять років. То вже підлітки, які часом були значно вищими за Марію. Жінка обережно обтерла рушником обличчя дитини. Потім скрутила два крихітних ватних тампони й запхала йому в ніздрі.

— Задери голову й трохи так потримай, — сказала вона, і хлопчик миттю послухався.

— Хороший хлопчик, — сказала Марія й погладила його по голові.

У Сашка було русяве волосся, що ледь кучерявилося на самих кінчиках.

Він зачісував його назад, відкриваючи високе чоло й мудрі блакитні очі. Він чимось нагадав жінці Павла — схожі очі та лінія підборіддя.

— А ти красунчик, — зауважила вона. — Тобі хтось про це вже говорив?

— Ні.

— Того ті шпанюки і б'ють тебе. Самі рилом не вийшли… — жінка пошкодувала, що висловилася надто різко. — Ти їм тільки цього не говори. То буде наш секрет. Добре?

— Звісно, — чесно погодився Сашко.

Марія обережно дістала тампони з ніздрів хлопця. Кров спинилася.

— Ну от. Як новенький. Давай я дам тобі печива, і ми підемо до тебе додому. Думаю, буде краще тебе відвести. Де ти живеш? На якому поверсі?

— У мене вдома зараз дядя Льоня. І я там нікому не потрібний...

— Хто такий той дядя Льоня?

— Мамин друг.

— Зрозуміло. А в тебе які з ним стосунки?

— Погані. Він каже, що я вишкребок.

— Як каже? — перепитала жінка.

— Вишкребок. Каже, що мене погано вишкрябали.

— Не зрозуміла...

Раптом жінку осінило. Вона зніяковіла й миттю перевела розмову на інше.

— Добре. А коли він піде?

— Він завжди до ранку залишається.

— Скільки у вас кімнат? — розмірковувала собі жінка і складала в уяві непросте життя хлопця.

— Одна.

— О... — протягнула вона. — Добре. Ходімо пити чай із печивом.

Марія заварила трав'яний чай і поставила на стіл шоколадні кекси.

— Любиш таке?

— А хто ж такого не любить?

— Ну тоді пригощайся.

Поглянула на кухонний годинник. Дев'ята вечора. Це її неабияк здивувало. Три години пролетіли як одна! Глянула на мобілку. Телефон також показував дев'яту.

— За тебе, певно, хвилюються. Пізно вже, — сказала, піднімаючись із табурета.

— Ніхто мене там не чекає. Мене ніколи ніхто не чекає.

Марія зітхнула. Вона ніколи не мала власних дітей, але цей хлопчина був якимсь таким рідним, теплим і хорошим… Схотілося робити для нього добрі справи.

— Я чекатиму тебе. Приходь до мене після школи. Якщо буду вдома, годуватиму тебе смачним обідом.

— О! Дякую! — закричав Сашко.

Хлопчик підскочив до Марії й повиснув у неї на шиї.

— А тепер ходімо, я відведу тебе додому. Веди мене. Показуй, де живеш.

Вони спустилися вниз. Потім минули короткий тунель, де збоку були двері в складські приміщення великого супермаркету. Далі вийшли в довгий сліпий двір-колодязь. Саме той, де кілька годин тому на хлопця напала банда однолітків. Минули. Зайшли ще в один під'їзд і спустилися до напівпідвального приміщення. Сашко вказав Марії на двері. Там було відчинено, і через вузеньку шпарину в темний коридор потрапляла смужка жовтого світла. Марія голосно постукала. За мить у дверях з'явився синюшного вигляду чолов'яга в тріснутих окулярах.

— О! Ти диви! Явілся нє запилілся, — з апломбом вигукнув він. — Здрастє, — нарешті він помітив і жінку, яка привела малого.

— Я привела вашого Сашка. Дивіться за ним краще. Його побили якісь хуліга…

Марія не змогла договорити. Чолов'яга перебив її важким прокуреним кашлем.

— Ну шо, вишкребок, заходь, — нарешті прокашлявся чолов'яга й театрально вклонився. — Мілості просім.

— А чого ви глузуєте? — не втрималася Марія. — Я ж кажу вам, що хлопця побили.

— А на кой хрєн мені то треба? Побили, то добре зробили. Було, певно, за шо…

Раптом чоловік перекосив обличчя і смачно сплюнув собі під ноги. Потім уважно подивився на Марію. Його погляд був дуже довгим і важким.

— Мамашка! — гаркнув він і затріснув у них перед носом двері.

Марія аж підскочила від несподіванки.

— Я ж говорив, — похнюпив носа Сашко.

— Ходімо, — сказала Марія.

Їй хотілося щодуху втекти з цього місця. Хто його знає, чого можна дочекатися від цих алкоголіків, а може, і наркоманів. Хто знає, чим ці почвари бавилися. Назад вони піднялися ліфтом. Марія відчула страшенну втому. За мить уже була вдома разом із хлопцем.

— Гаразд. Раз уже так склалося, переночуєш у мене. Потім розберемося з цією ситуацією. А що сусіди? — запитала вона в малого.

— А що сусіди? — перепитав він.

— Вони не хотіли тобі допомогти? У школі знають, як ти живеш?

— Так.

— Ясно. Добре. Давай зараз просто спати. Я щось геть виснажена. Складний день. Та й тобі дісталося.

Хлопчик радісно всміхався. Він нарешті почувався в безпеці. Тут йому було затишно, сито й тепло. Марія постелила йому в кабінеті. Там у неї стояв шкіряний диван «Честер».

— Добраніч. Солодких снів, — сказала Марія, вимикаючи світло торшера, що стояв біля дивана.

Але малий Сашко вже спав.

# 7

Вона знову бачила двері. За цими дерев'яними панелями робити такі знахідки видавалося справою зовсім не дивною. Панелі були височезні, до двох метрів. Стелі у квартирі мали рекордну висоту — чотири двадцять. Марія, коли вперше оглядала квартиру, планувала, що зробить тут навісний другий поверх. Такий собі богемний балкончик всередині квартири. Там можна буде сидіти далеко за північ і читати або пити вино з подругами. Висота стелі була однією зі складових у рішенні купувати саме цю квартиру.

Знаходити нові двері поміж різьблених панелей не видавалося їй чимось дивним. Ці знахідки здавалися дуже заманливими. Притягували й заворожували таємницею.

Цього разу двері з'явилися в кабінеті, поміж високих стелажів із книжками, що залишилися від попередніх власників.

Спершу жінка підійшла до Сашка. Він тихенько сопів на дивані. Уві сні скинув із себе ковдру. Марія обережно накрила його знову. Постояла, подивилася, як дитина спить, і навшпиньки пішла в бік своєї нової знахідки.

За дверима було дуже ясно. Через вікна пробивався білий день, але й це її не дивувало. Зайшла всередину й тихо причинила за собою двері, щоб не розбудити малого.

Кімната була до болю знайома. Приміщення нагадувало її дитячу, ту, що колись, наче в минулому житті, мала на Левандівці. Вона ділила її з сестрою. Дім був зовсім невеликим. Лише три покої. Одну кімнату займали батьки, друга слугувала вітальнею, а в третій жили вони вдвох — Марійка й Олюня.

На письмовій парті Марія побачила свої зошити, Буквар і пісенник. Усі дівчата в класі вели собі такий зошит із відомими на той час піснями. Там вони писали текст пісень, виконавця, свої враження і щось малювали. Переважно це були сердечка, квіточки або просто орнамент для прикраси. Жінка не втрималася й почала гортати. «Трава у дома», «Міліон алих роз», «Верба»... На цій пісні вона зупинилася. «Верба» Юрія Рибчинського. Як же вона її любила...

*Біля млина калина,*
*Біля ставу — верба.*
*Біля тину дівчина,*
*Біля серця журба.*
*Та калина чарівна,*
*І вночі не заснеш.*
*Та дівчина — царівна,*
*Що чекає тебе.*

Спогади хвилями накривали її. Вона погортала зошит до пісні «Коханий».

*Зорі, як очі, дивляться скрізь на нас,*
*Серце не хоче, щоб промайнув цей час.*
*Хай в цю хвилину піснею лине*
*Понад землею радість моя.*

Як багато вона мріяла під цю пісню! Малювала перед очима кольорове майбутнє. Мріяла про кохання, одне на все життя. Багато дітей. Навіть мамі говорила:

— А чому в нас із Олюнею немає брата? У мене, наприклад, обов'язково буде багато дітей. Дівчаткам необхідний старший брат, щоб захищав їх, і взагалі...

Мама всміхалася до неї:

— От виростеш, тоді й побачимо. Тобі, Маріє, завжди всього мало, така вже в тебе вдача. Побачимо, що ти заспіваєш, коли підростеш...

Марія закрила пісенник. Спогади болісно смикнули її за серце. Виявляється, правду мама казала. Їй завжди всього мало. У дитинстві було мало іграшок, цукерок, сестер, братів. А коли виросла, стало мало слави, грошей, визнання, коханців... Що там гріха таїти...

Біля парти вона побачила свого іграшкового ведмедика. Узяла його в руки, уважно придивилася і впізнала. Барні 613. На аватарці в нього саме ця іграшка, лише з відірваним одним вухом, а друге пришите грубою синьою ниткою. Жінка з відразою поклала іграшку на місце. Їй стало нічим дихати. Бракувало повітря. Підійшла до вікна й побачила, як завжди, переповнену людьми вулицю Коперника. Люди кудись поспішали. Лише мали дивний несучасний вигляд. На головах вушанки, одяг наче зі старої скрині, зараз так ніхто не вдягався. Марія придивилася уважніше й побачила автомобілі зі свого дитинства.

«А що, якщо зараз вийти на вулицю? — подумала вона. — Я опинюся в 70-х?» Марія стрімголов кинулася до дверей, але вже не потрапила до свого кабінету. Вона знову опинилася в новій незнайомій кімнаті.

Цього разу кімната була зовсім порожня й темна. Зловісна. У кутку на високому столику стояв старий ламповий телевізор. Зверху на телевізорі лежала вишита трояндами серветка. Саме такі серветки завжди вишивала її мама. Вони в них удома були майже всюди — і на столах, і на буфетах, навіть на телевізорі, як тут. По телевізору показували святковий концерт. Танцював колектив народних танців. В одному з танцівників Марія впізнала свого знайомого, що й справді танцював у ансамблі Вірського. Жінка згадала, як перетиналася з ним на міжнародному фольклорному фестивалі танцю в польському місті Познань. Її тоді запросили, щоб заповнити паузу й виконати кілька пісень у супроводі бандури. Марія вже не пам'ятала, як звуть того танцюриста й чи переспала вона тоді з ним, запам'яталися лише його тонкі чорні вусики, за ними й упізнала. За мить артисти залишили сцену. Вийшов ведучий. Без зайвих передмов оголосив наступних виконавців:

— А зараз виступить гордість України. Визнана в усьому світі славнозвісна бандуристка, багатодітна мама, срібне сопрано України — Марія Лакрицька та її особистий бенд із одинадцяти дітей! Зустрічайте!

Марія побачила, як вона виходить на сцену з бандурою в руках, а слідом за нею одинадцять дітей різного віку. Від найстаршого до наймолодшого. П'ять хлопців і шість дівчат. Артистка вмостилася попереду і впевнено підняла собі на коліна бандуру. Діти стояли трішки далі, вони підспівували й підтанцьовували їй. У всіх на головах були солом'яні брилі. Марія не могла розгледіти їхніх облич. Жінка з телевізора дзвінко заспівала:

*Якби в лісі гриби не родили,*
*Якби дівки гулять не ходили?*
*А я, білява, гарна, кучерява,*
*Гриби не збирала, з козаком гуляла.*

Марія кинулася геть. Вона вибігала з однієї кімнати, одразу потрапляла в іншу, але ні на мить не спинялася. Боялася побачити ще щось. Анфілади кімнат не закінчувалися, а вона все бігла. Навкруги безперервно дзвенів її веселий спів, якому підспівували бадьорим хором дитячі голоси.

Раптом Марія розплющила очі й побачила, що лежить у себе в ліжку. Довкола темінь. Штори щільно закриті. Підскочила й зірвала оксамитову тканину на землю. Вона ніколи не закривала їх на ніч, та на ранок вони постійно були зімкненими. З верхнього поверху голосно лунала та сама пісня.

Марія зіскочила з ліжка. Мало не впала. Ноги зашпорталися в оксамитовій тканині, що лежала тепер на підлозі багряними хвилями. Насилу переступивши, кинулася в кабінет. Сашко ще спав на дивані.

— Вставай! Вставай! Іди вже! Іди!

Жінка смикала хлопця за плече, а він усе ніяк не міг прокинутися, як і всі діти, коли їх зранку будиш.

— Вставай, тобі кажу! — верещала вона.

Нарешті хлопчик розплющив очі й одразу перелякано скочив на рівні ноги. Схоже, хлопчак звик до того, що в разі якогось гамору треба вміти вчасно накивати п'ятами. Вдома таке траплялося не раз.

— Іди вже, куди тобі там треба. Ти що, в школу не ходиш? — голос жінки дзвенів роздратуванням.

Малий дивився на неї схарапуджено. Марія мить помовчала й опанувала себе. Первинне відчуття жаху минуло, вона почала усвідомлювати все, що відбувається навколо.

— Вибач, — раптом сказала вона і втомлено опустила руки. — Але тобі справді краще піти.

— Так, добре, — чемно відповів Сашко.

За мить жінка почула, як грюкнули вхідні двері. Хлопчик пішов так слухняно, так покірно, наче вже давно погодився зі своєю долею. Марія вийшла з кабінету. Її мучили докори сумління. Підняла зірвану портьєру й абияк скрутила її, а опісля кинула під вікно. Вона вже не хотіла спати в цьому мандрівному театрі. Хай краще незастелене ліжко стовбичить у всіх на очах.

Марія глянула на годинник — сьома година ранку. Навіщо вона так рано вигнала малого? Щоб отямитися, їй довелося потрясти головою. Не вмиваючись, Марія пішла на кухню й закурила. Потім узяла телефон і набрала майстра Олега.

— Перепрошую за ранній дзвінок. Сподіваюся, я вас не розбудила?

— Ні, що ви. Я ніколи не сплю. Вовка ноги годують, — як завжди, бадьоро відповів молодий чоловік.

— Можете сьогодні знову прийти? Я хочу зняти на кухонному вікні ґрати. Потім треба підкрутити колонку і ще винести на смітник купу різного сміття.

— Гаразд. Скоро буду.

Марія забичкувала цигарку й поклала трубку. Пішла в кімнату, взяла оксамитові штори, віднесла на кухню й кинула зверху на тушонку, компоти та консерви з оселедцем.

У двері подзвонили. Марія пішла відчиняти. На порозі стояв Олег.

— Не зрозуміла, ви що, у мене під дверима стовбичили? — здивувалася вона. — Ми хвилину тому розмовляли.

— Я був недалеко. Я завжди поруч. Така вже в мене робота, — віджартувався чоловік і пройшов углиб квартири зі своїм незмінним ящиком для інструменту в руках.

Олег одразу пішов на кухню і взявся до роботи.

— Це все, що лежить під балконом, треба винести на смітник, — командувала Марія.

— А не шкода такі гарні портьєри? — запитав Олег.

— Забирайте собі, якщо хочете.

— Може, і заберу, — коротко відповів він.

Раптом чоловік побачив на столі медаль і грамоту Марії.

— О, це ваше? — запитав він. — Я так і знав, що ви особлива!

Марія всміхнулася.

— Хочете, я повішу цю відзнаку в кабінеті на стіну? Буде гарно.

— Не треба, — після паузи відповіла жінка. — Я вже не певна, чи заслуговує це все будь-якої уваги.

— Не зрозумів.

— Та й не треба. Я ненадовго відійду. Мені треба сходити в консерваторію. За кілька годин повернуся. Сподіваюся застати вас тут.

— Ви не боїтеся залишати мене самого у своєму помешканні? — здивувався Олег.

— Тут немає нічого цінного, — дещо грубо відповіла Марія й пішла збиратися.

*Ольга*

Ольга відкрила свій гаманець і знову побачила, що бракує аж тисячі гривень. Це вже було не вперше. Її донька Віра завжди так робила: мовчки лізла до гаманця своєї літньої мами і брала звідти гроші, як зі спільної кишені. Ольга злилася, сварилася, але не було на те ради. Вона вже давно була на пенсії за вислугою, як і всі вчителі, але продовжувала працювати, щоб зводити кінці з кінцями. Викладала англійську в загальноосвітній школі та ще й підробляла репетиторством у приватній мовній школі. Добре заробляти вона почала останні кілька років. Саме з того часу Віра залазила до неї в гаманець і брала гроші, не питаючи дозволу. Ольга страшенно раділа, що може підтримувати фінансово доньку, але хотіла бодай якоїсь вдячності. Щоб запитала, чи можна взяти, а потім подякувала... Втім, дочекатися від доньки таких реверансів було не просто. Вірі давно перевалило за тридцять. Вона ніколи не була заміжньою, мамин приклад зіграв із нею злий жарт. Часто ходила набундючена й намагалася вести світський спосіб життя, що не зовсім вписувався в заробітки майстра манікюру.

Ольга вже давно вела окрему бухгалтерію й ховала гроші від доньки в мішку з брудними майтками. Одного разу забулася про свій сейф і, перебуваючи в ражі генерального прибирання, мало не викинула той мішок зі старим спіднім. Уночі прокинулася від того, що згадала про помилку. Кинулася до шафи на ватяних ногах, але мішок був на місці.

Жилося їм удвох не погано, але й не просто. Ольга підтримувала вдома ідеальну чистоту, готувала їсти. Але, як то часто буває, коли на малій території вживаються дві дорослі жінки, між ними виникали конфлікти. Обидві відчували невдоволення власним життям, добре замасковане під зверхній фемінізм і творчу унікальність.

Стосунки із сестрою також засмучували Ольгу. Вони, звісно, могли бути «нерозлийвода», як колись у дитинстві, але для цього Ольга мала плазувати. Лише так її приймала старша сестра — в образі невдахи й лакея. Замолоду Оля мирилася з цією роллю, бо навіть не розуміла, що може бути інакше. Та тепер вона часто посилала старшу на три веселі букви, від чого та бісилася й місяцями не розмовляла з нею.

У мріях Ольга думала, як би добре було разом провести старість, їздити на якісь курорти, подорожувати, випікати запашну здобу. Але це були лише мрії. Усі її спроби зблизитися завжди завершувалися звинуваченнями й необґрунтованими образами.

Ольгу засмутив дзвінок Павла. Вона розуміла: раз він набрав її, справи кепські. Вже кілька днів вона боролася із собою. Дуже хотіла подзвонити сестрі, але стримувалася. Чергова відсутність тисячки в гаманці стала останньою краплею. Їй захотілося виговоритися. Почути бодай якусь рідну душу. Вона рішуче взяла в руки телефон і набрала старшу.

— Гальо! — почула нахабний вигук сестри.

— Привіт, — мовила Оля, бо не хотіла знову сваритися. — Як у тебе справи, сестричко? Що новенького?

— Я тепер у центрі мешкаю. Шо там ваша Привокзальна… Такої алкашні, як у вас, тут немає. Знаєш, давно хотіла поселитися на Коперника. Колись батько щодня ходив сюди в банк на роботу. Часто й мене брав із собою. Приємні спогади, одним словом.

— А мене жодного разу не брав на роботу, — не стрималася Ольга й одразу змінила тему, лишень би уникнути скандалу. — Як тобі, до речі, без землі, без квітів живеться?

— Всі ще будемо і в землі, і в квітах. Ти що, навмисно мені це говориш?

— Ти про що?

— Неважно.

— Слухай, а давай разом з'їздимо кудись? Ми так давно не відпочивали... Тряхнемо стариною, так би мовити, — раптом наважилася Оля.

— Ніколи мені. Гарувати треба. От саме на роботу йду. Ладно. Не маю більше часу. Заходжу в консерваторію. Чао!

# 8

Як же добре нарешті вийти на вулицю! Зимова прохолода спрацювала чудодійно й миттю остудила заплутані думки. Звісно, не без допомоги рятівної пігулки. «Пора вже їх кидати», — думала Марія, усвідомлюючи всю шкідливість звички. Хоча її дужче хвилювала інша проблема. Через пігулки вона не могла дозволити собі вдосталь вина або мартіні. Страх одного разу не прокинутися від такого коктейлю тримав її часом на сухому пайку. Втім, іноді вона зривалася, і тоді на ранок мало не помирала. Марія здогадувалася, що всі ці сни, повідомлення й загальна дивна обстановка можуть бути наслідком зловживання та поєднання непоєднуваного. Але йти до психіатра — то остання справа. Її в цій ситуації точно ніхто не підтримає — надто багато навколо шулік. Ці хижаки розправляться з нею за першої ж нагоди. Недарма їй останнім часом так неприємно розмовляти телефоном із сестрою Олюнею. Марія мало не фізично відчувала, що та дзвонить їй як розвідниця. «Як твоє здоров'я, сестричко?»,

«Тебе нічого не турбує?», «Не хочеш показатися лікареві? Вже давно час...»

«Рахує дні до моєї перевірки. Певно, сподівається, що там нарешті щось з'явиться», — думала Марія.

Ольга з донькою мешкали на Привокзальній. Дві прохідні кімнати, вхід у кухню, як у більшості старих львівських квартир.

«Дві незабезпечені дівки вирішили поживитися за мій рахунок», — не вгамовувалася подумки Марія.

Колись давно сестри продали батьківський будинок на Левандівці, і за свою половину Олюня купила цю хату. Ніколи одруженою не була. Все ціни собі скласти не могла. Так і говорила про деяких чоловіків, що приділяли їй увагу: «Та то бє-є-є-є-єдло», — імітуючи бекання худоби. А принца так і не знайшлося. Хоча вона людина хороша. Була. Іноді Марія зі щемом згадувала, як вони дружили в дитинстві, та й замолоду.

Але з часом гастролі віддалили їх. Марія часто не бувала вдома. Коли приїздила, зустрічалася з подругами або приділяла час чоловікові. З татом же вона до останнього була дуже чемна. Виходжувала його, коли заслаб. Можливо, це і стало першим дзвіночком, який віддалив сестер. Олюня тоді звалила всі турботи на Марію, яка покірно виходжувала батька самотужки. Після того зовсім скоро пішла й мама. А потім — продаж дому. Весь цей огидний поділ на «твоє» й «моє». От і зараз їй здавалося, що рідні готуються до отримання спадку.

А Павло? Йому, звісно, нічого не дістанеться! Він своє вже відгриз, власними зубами.

— Про вовка промовка, — сказала вголос Марія, дивлячись на дисплей смартфона.

Там з'явилося фото її сестри. Не збиралася відповідати, але до консерваторії був ще цілий квартал, а їй хотілося відволіктися від вихору сумних думок про психіатра.

— Гальо, — навмисно кривляючись, почала розмову.

— Привіт, сестричко, — стабільно однаково привіталася Ольга.

— Привіт.

— Як у тебе справи? Дуже давно не чулися. Говорила з Павлом. Каже, що ти вже в центр переїхала.

— Так. Я тепер центровая, — знову віджартувалася жінка.

— І як воно тобі? Звикаєш? Ти ж так свій сад любила.

— Та звикаю, а що мені залишається? Обдерли мене як липку, тепер треба заново гарувати, щоб наробити на хату.

— Ну не тобі нарікати...

— Це дивлячись із ким порівнювати.

Повисла пауза. Ольга відчула елегантний і майже непомітний ляпас. За мить продовжила:

— Може, з'їздимо всі разом до тітки Ганьки в Дорошів? Що ти на це скажеш? Вона вже така старенька... Треба би провідати. Заодно набудешся на природі.

— Поїдьте самі. Що маєте до роботи? А мені гарувати треба.

— То ти всі ці дні гаруєш?

— А ти як думала?

Марія вже наближалася до «МакДональдза» Ще один поворот — і консерваторія. Розмова починала її обтяжувати.

— Сестричко, я взагалі-то з іншого питання дзвоню, — обережно сказала Ольга. — Тобі вже давно пора на огляд. Ти ходила до лікаря чи ні? Я хвилююся.

— Не хвилюйся. Я в прекрасній формі. Ще заміж вийду.

Марія навмисно це сказала: нехай не розраховують на спадок.

— Все, вибач, Олюню, але я вже біля роботи. Мушу бігти. Па-па.

* * *

Кілька студенток упізнали її й обернулися, щоб роздивитися місцеву знаменитість. Марія пройшла повз, наче королева. Сьогодні вона мала найпрезентабельніший вигляд. Попереду була зустріч із Володею Лапідусом, завідувачем кафедри народних інструментів. У нього, як у старого й доброго приятеля, Марія планувала випросити собі якісь години зі студентами. Робота в колективі мала відволікти її від усіх цих паскудних думок. А далі можна буде подумати про гастролі. От зібрати би знову дівчат, з якими в неї раніше було славнозвісне тріо бандуристок! Коли всім трьом стукнула п'ятдесятка, вони якось здулися й розійшлися кожна на власний хліб. Марія тоді намагалася втримати їх, але марно. Онуки, фазенди та інші клопоти поглинули жінок із головою. Та й здоров'я вже було не те, щоб місяцями гастролювати.

«Баби», — зневажливо думала про них тоді Марія. Вона навіть зараз, через десять років, не приймала й не розуміла такого рішення. Її ніколи не втомлювали роз'їзди. Навіть якщо це був автобус. На цей випадок можна було випити снодійні пігулки і спати всю дорогу. Потім вона вставала свіжа, як ружа, а вони ходили з вим'ятими обличчями. Марія завжди з фармацевтикою була на короткій нозі. Це допомагало не здутися. Але люди різні.

З такими думками жінка впурхнула у вестибюль консерваторії. На ній була молодіжна величезна дублянка й незмінні високі підбори. Шапки Марія не визнавала ніколи, навіть коли гастролювала по засніженій Канаді.

— Ви до кого? — запитав на прохідній якийсь новий охоронець, якого вона бачила тут уперше.

— Я Марія Лакрицька, — з викликом сказала жінка.

— Я не питав, хто ви. Я запитав, до кого ви? — недбало кинув охоронець.

Марія зніяковіла й озирнулася, чи хто, бува, не став свідком цього діалогу. Позаду себе побачила двох юнаків. Вони захоплено роздивлялися щось у телефоні й не звертали на неї жодної уваги.

— Я до пана Володі Лапідуса.

— Ви домовлялися раніше?

— Мені не треба домовлятися з ним про зустріч, — Марії вже уривався терпець. — Подзвоніть і скажіть, що я тут.

— Як вас представити?

— А відколи це ви ставите такі запитання відвідувачам? Усі тут швендяють туди-сюди, нікого не спиняєте і лишень мене зупинили, щоб ставити дурнуваті запитання. Все! Розмову закінчено!

Марія гордо задерла підборіддя й, голосно стукаючи підборами, пішла повз будку охорони. Її ніхто не спинив, тож рушила собі далі. Лапідус був на кафедрі. Він радісно зустрів колегу. Марія елегантно скинула дублянку й залишилася в шовковому брючному костюмі.

— Королева, як завжди, — усміхнувся Володя.

— Та й ти нічогенький, — у тон йому відповіла жінка.

— Чим заслужив на таку честь? — перейшов одразу до справи Лапідус, глянувши перед цим на свій годинник.

Марії цей жест не сподобався, але вона не хотіла бодай чимось видати своє роздратування.

— Володічко, я, як завжди, до тебе з проханнячком, — обережно почала.

Від власного голосу й інтонації її мало не знудило, але доводилося принижуватися перед цим старим блазнем. Лапідус колись був сильним цимбалістом і досить яскравим чоловіком. Латвійське коріння залишило на його зовнішності виразне північне благородство. Втім, то було давно. Тепер цей майже лисий пузань намагався задавити її своїм авторитетом. Ніби вона не знала, що він поверхова людина, не здатна підтримати жоден інтелектуальний діалог у пристойній компанії. Все своє життя він зводив розмови до цимбалів і композиторів.

— І що цього разу? Пам'ятаю, твоє останнє прохання мало не коштувало мені розлучення.

— Ну, я ж не винна, що ти такий красень. Розумію твою Галю. Але вона знала, на що йшла, коли виходила за тебе. Такі чоловіки завжди в дефіциті. А тим більше такі впливові. Вона приревнувала до мене. Та цього разу ми не будемо на гастролях. І не житимемо в одному номері.

Лапідус мимоволі почав танути від лестощів колишньої коханки.

— Гаразд, кажи, що я можу для тебе зробити. Бо в мене зараз лекція з першокурсниками.

— Я планувала вихід на роботу з вересня, але так склалися обставини, що мені би краще почати зараз.

— У тебе проблеми з грошима? — здивувався Володя.

— І це також, — неохоче погодилася Марія.

— Я подумаю, що можна для тебе зробити. Але ти ж розумієш, що все вже давно розписано на весь навчальний рік. Я зможу тебе запхати хіба як викладачку курсу, на який студенти зможуть ходити за бажанням.

— А якщо охочих буде мало? — обережно запитала вона.

— Не впізнаю тебе! Це з яких часів така невпевненість? Раніше ти б навіть думки такої не припустила!

Марія зніяковіла. Що було говорити про «колись» і «тепер»! Це дві різні людини. Та й вік давався взнаки, хай би як вона старалася ігнорувати цей нюанс свого життя.

— Не хвилюйся. Я вже знайду, як їх стимулювати до навчання, — усміхнувся Володя.

Йому подобалося, що в Лакрицької нарешті луснула славнозвісна пиха. Вона завжди була зверхньою до колег. Утім, із Лапідусом у них збереглося багато теплих спогадів молодості.

— Я буду тобі дуже вдячна!

— Ну, я вже «нє па етім дєлам». Але мені приємно чути таку пропозицію!

— Ти про яку пропозицію? — мало не заверещала жінка. — Ніякої пропозиції й не було.

— Гаразд. Будемо так вважати.

— То коли мені підійти? — знову стишилася вона.

— Давай з понеділка. Сьогодні в нас середа. Так. З понеділка. А як твій курс назвемо?

— Я ансамбль бандуристок можу вести.

— У нас уже є ансамбль бандуристок.

— У вас був просто ансамбль. А тепер буде з великої літери «А».

Марія вийшла з консерваторії задоволена. Усе ж її шарм ще мав велику силу. Дуже схотілося чогось солодкого. Вона давно вже відмовляла собі в солодощах! З того часу, як лікар сказав, що ракові клітини люблять цукор. А ще дріжджі, хліб і все мучне. Аж раптом відчула таку легкість! Розмова з Володею підняла її самооцінку знову на гідний рівень. Та й передчуття виходу на роботу подарувало відчуття власної потрібності. Їй життєво необхідно було відчувати захоплення інших людей. Це давало енергію та життєві соки.

«Один раз не рахується», — вирішила вона й зайшла у свою улюблену кондитерську на проспекті Шевченка. Кафе «Вероніка» було тут уже так давно, що годі й згадати, коли з'явилося. Ще до хвороби Марія тут часто ласувала найсмачнішими в місті тістечками. А останні кілька років обходила заклад десятою дорогою, щоб не спокуситися. Та сьогодні вирішила порушити правило. Замовила одразу сирник і «Наполеон». Знала, що не подужає два шматки торта, але хотіла відчути смак. До солодкого взяла капучино без цукру, а в останній момент — ще й п'ятдесят грамів «Арарату».

За вікном розвиднилося й вийшло сонце. Клала на язик крихітні шматочки солодощів, і вони танули, наче сніг по весні. Вона допила коньяк і взяла ще раз. У кафе грала чудова американська музика часів сухого закону. Марія всміхнулася на власний каламбур. Їй завжди подобалися занавіски в цьому закладі. Тут вони висіли на горизонтальному карнизі, що прикривав лише нижню половину вікна. Фіранки мали крафтовий вигляд і чудово вписувалися в автентику закладу. Марія подумала, що їй на кухні пасуватимуть саме такі фіранки. Головне, щоб Олег уже швидше зняв ті дурнуваті ґрати.

Екран телефона засвітився. Марія з цікавістю взяла його й мало не відкинула вбік, коли побачила повідомлення від покаліченого ведмедя. Ховатися від проблем було не в її правилах. Жінка відважно відкрила повідомлення. І знову побачила вкладене відео.

Розгледіла свій виступ із сьогоднішнього сну. Вона знову сиділа з бандурою на сцені, а позаду неї стояло одинадцять дітей у солом'яних брилях. Марія вимкнула телефон. Раніше вона думала, що це Павло шле їй повідомлення, приховуючись за ніком Барні 613. Але тепер концепція руйнувалася. Павло не міг залізти їй у голову й записати сон. Чи це й не сон був? Марія відсунула недопитий коньяк. Солодкого вже також не хотілося. Думка про психіатра наполегливо лізла їй у голову, але вона розуміла, що має впоратися з усім самотужки. Згадала, що в її бабусі на старість був Альцгеймер. Вона тоді всім розповідала, що має палац, а в тому палаці золота ванна й мебля вся з кришталю… Невже і в неї щось схоже почалося? Але скидалося це на зовсім інше. Марія тверезо мислила. Дурня творилася не в її голові, а навколо неї.

Вона набралася сміливості й написала нарешті те, що давно хотіла.

«Ти хто?»

На тому боці одразу почали писати відповідь. Вона це зрозуміла з рухомих крапочок, що завжди з'являлися, коли співрозмовник відписував. Крапочки з'являлися і одразу зникали. Потім знову з'являлися — і зникали. Ведмідь ніяк не наважувався надіслати відповідь. Нарешті крапочки зникли. Відповідь так і не прийшла.

«Чого мовчиш? Я чекаю на відповідь!»

Марія написала ще кілька повідомлень, але жодної реакції з того боку не було.

Жінка знову вийшла на вулицю. Сонце вже не втішало. Вона замислено пішла до площі Ринок. А потім різко звернула до пам'ятника Данилу Галицькому. Вирішила просити захисту у вищих сил. Ноги самі привели її до церкви Андрія. Треба посвятити квартиру. «Гірше точно не буде», — подумала й переступила поріг старовинної церкви. Марія не знала, де шукати священника і що йому говорити. Чи варто казати правду? Чи не подумає, що вона божевільна? А що як він її впізнає — і божевілля якось вийде на поверхню? Думки билися срібними молотками об її скроні. Вона не помітила, що дуже голосно стукає підборами по мармуровій долівці.

— Ідіть геть звідси! — раптом почулося десь знизу.

Марія опустила голову й побачила маленьку бабцю з ганчіркою в руках.

— Як не соромно так гриміти! Ви ж у храмі Божому, а не там, де звикли! — продовжувала наступ старенька.

— Ви чого? — розгубилася Марія.

— А ти чого так грюкаєш? Це тобі не стометрівка!

Марія оглянулася навколо себе й побачила, що на них дивиться купа зацікавлених очей. Тут були і віряни, і просто туристи, які зайшли помилуватися пам'яткою архітектури. Туристи одразу почали фотографувати їх. Марія помітила камери й пішла на вихід. Після такого гамору їй не хотілося починати розмову зі священником.

Майже з самого порога квартири почула, що вдома хтось розмовляє. Це були Олег і Сашко. Олег вішав їй гарну білу фіранку навколо ліжка, а Сашко намагався допомагати й весь час щось говорив.

— Ну ти й цвіркун, — сміявся майстер.

— А я їм сказав, що то моя мама. Вони дуже здивувалися, але тепер точно не чіпатимуть мене.

— І вони тобі повірили?

— Так, повірили. А хто, окрім мами, міг би так захищати? Мене ніколи ніхто не захищав.

— Це ви про що? — голосно грюкнувши дверима, щоб її почули, запитала Марія.

— А ми тут вам фіранку вішаємо, я знайшов її в шафці біля ліжка, — почав пояснювати Олег. — Так вам буде дуже затишно.

Марія промовчала. Насправді вона не хотіла вже ніяких фіранок на цьому ліжку, але не ображати ж цих завзятих робітників.

— А ти що тут робиш? — строго запитала вона в Сашка, бо почула його останні слова про маму.

— Так ви ж самі говорили, щоб я приходив після школи до вас на обід.

— Точно, — згадала Марія. — Покликала дитину на обід, а в хаті нічого їсти немає.

— Ой, — помітно засмутився малий, — а ми вже так чекали на обід.

Це прозвучало наївно і щиро, як може сказати лише мала дитина.

— Ну це нічого, я зараз піцу замовлю. Піцу любите? — звернулася до хлопців.

— А хто ж не любить! — радісно закричав Сашко.

Олег жартома повторив за хлопчаком цю саму фразу. Марія підхопила за ними — і вони втрьох голосно розсміялися. Було це якось так по-сімейному, близько й тепло. Марія подзвонила в службу доставки піци.

— Ви яку любите? — гукнула.

— Я — будь-яку! — сказав Сашко.

— А мені щоб м’яса побільше, — відізвався Олег.

— А мені Маргариту, — додала Марія і продиктувала адресу.

Фіранки й справді мали непоганий вигляд. Щоправда, було в цьому щось від нареченої. Білий тюль додавав ліжку цнотливості й чистоти.

— Добре, най буде, — погодилася.

Хоча про себе вирішила, що й цю фіранку зірве, якщо схочеться.

— А ти вже повиносив сміття з кухні? — запитала вона в Олега.

— Так.

— Ми разом виносили, — вклинився Сашко.

— І ґрати зняв. Все, що ви просили. І колонку підтягнув.

— Добре, — видихнула Марія.

Разом із цими двома в домі було затишно і спокійно. Упіймала себе на думці, що не хоче, аби вони рано йшли. Нехай посидять довше. У двері подзвонили.

— Піца! — закричав Сашко.

Марія пішла відчиняти. На порозі стояла її сусідка пані Стефа. У руках тримала величезну запалену свічку.

— Доброго дня, Маріє, — сказала вона і зробила тривалу паузу.

— Доброго.

— Це для вас, — нарешті продовжила вона і простягнула Марії свічу.

Пані Стефа робила це дуже обережно. Притримуючи другу руку біля вогника, щоб він раптом не згас від протягу.

— Це Вифлеємський вогонь. Мені сьогодні передали. А я і для вас часточку принесла. Вам як нікому він згодиться.

— Дякую, — розгубилася Марія.

— Обережно, — сказала сусідка. — Головне, щоб вона догоріла до кінця.

Пані Стефа розвернулася й мовчки пішла до себе. Марія здивовано зачинила двері. Цієї ж миті свічка згасла. Марія глянула під ноги й побачила багато сухого піску.

— Звідки воно береться...

Марія шпурнула свічку на підвіконня біля вхідних дверей. Узяла пилосос і почала збирати пісок. Його й справді було дуже багато.

# 9

У понеділок із самого ранку Марія почала збиратися на заняття в консерваторію. Володя після коротких вагань призначив її керівничкою ансамблю бандуристок. Заняття розпочиналися о дванадцятій годинні, але Марія встала о восьмій, щоб зібратися без поспіху. Уже кілька днів, як ситуація навколо неї стабілізувалася. Не було жахів, не було дивацтв. Марія пов'язувала це з повною відсутністю алкоголю та повноцінним харчуванням. Останнім часом вона себе занедбала. Постійно пропускала обід, сніданок, а часом і цілий день нічого не їла. У неї геть зник апетит. Уже кілька днів змушувала себе їсти тричі на день і не торкалася цигарок.

Після роботи мав прийти Олег. Марія вирішила пофарбувати кухню в яскраво-лимонний колір, майстер погодився зробити це за два дні. Навіть якщо вона продаватиме квартиру, а така думка з кожним днем усе більше міцніла, треба навести тут лад. Марія вкотре видалила контакт Барні 613, а потім, недовго роздумуючи, знесла інстаграм зі свого телефона. Вдало розкрутити акаунт у неї все одно не виходило, а так з'являлася примарна надія, що повідомлення від аноніма зникнуть. Марія на мить замислилася й видалила слідом за інстаграмом ще й фейсбук і телеграм. «Нехай тепер у рейку пише», — подумала вона. На електронну пошту вирішила деякий час не заходити. Видалити рука не піднімалася, бо там зберігалося багато важливої для неї робочої переписки.

Із полегшенням пішла одягатися. Вирішила вбрати джинси і светр. Першого дня на роботу до молоді — в молодіжному стилі. Такий одяг їй дуже личив, адже Марія зберегла стрункість юності. Пішла в кабінет по ноти й раптом периферією зору помітила якийсь рух трішки позаду себе. Різко повернулася й побачила двох дівчаток, вбраних в однакові сукні. На голові в них були охайно заплетені кіски з ґречними бантиками. Дівчатка швидко бігли по великій кімнаті. В однієї в руках була стрічка, схожа на ті, якими вправляються гімнастки.

— Павло! — заверещала Марія.

Вона зрозуміла, що колишній чоловік без дозволу пробрався на її територію та ще й привів із собою двох близнючок.

— Павло! — грізно повторила вона.

— Чого ти кричиш? — раптом сказала одна із сестер.

— Як порося, — додала друга, і вони разом дзвінко розсміялися.

— Порося, порося, порося! — почали кружляти навколо неї дівчатка, голосно вигукуючи одне лише слово.

Марія спробувала впіймати одну за плече, але та вислизнула, і тоді жінка вхопила її за кіску.

— А-а-а-а! Ти що робиш? — закричала дівчинка.

— Злюка! Підла злюка! — вступилася за сестру інша.

Дівчатка вирвалися й відбігли в дальній куток.

— Ти зла потвора! Підла зла потвора! Ніколи тобі нічого не пробачимо! Ніколи! — разом закричали вони й вибігли з квартири на вулицю.

Марія кинулася слідом за ними, але сестри так швидко бігли донизу, що навіть перескакували через одну сходинку. Пробігаючи повз ліфтера, вони мало не збили старого.

— Ух, піонери! — погрожуючи їм услід кулаком, загарчав він.

— Які то тепер до чорта піонери? — відізвалася згори Марія. — Шо за маячня навколо? Геть ковід усім мізки повідбивав.

Жінка повернулася додому, гучно грюкнувши дверима. Вона так перенервувалася, що не могла опанувати себе. У голові гатив пульс. Сіла міряти тиск. Головне — не запізнитися до консерваторії. Тиск, звісно, підскочив. 150 на 100. Спробувала заспокоїтися — почала повільно й глибоко дихати. Прикрила очі. Потім усе ж узяла пігулку й розсмоктала під язиком. Помалу в голові перестало гудіти, почало прояснюватися. Дихання стало рівномірним. Устала й налила собі холодної води. Неквапливо зробила кілька ковтків. На годиннику вже показувало пів на дванадцяту. Вистачало часу якраз дійти без поспіху до роботи. Марія вилила решту води собі на долоню і протерла шию та потилицю. Потім накинула дублянку й вискочила на сходовий майданчик.

На другому поверсі на мить спинилася біля помешкання Горошкових. У неї ще було кілька хвилин, щоб розпитати про Сашка. Марія помітила, що біля їхніх вхідних дверей є вікно, що виходить в один із дворів-колодязів будинку номер 3. Марія заглянула туди й побачила навпроти вікно, що вело в помешкання сусідів. Широке австрійське вікно, укрите сірим порохом. Але порох не приховував усього, що за ним відбувалося. На вікні не було фіранок, лише зграя сірих голубів обсіла все підвіконня. Марія відступила вбік, щоб її не помітили, і уважно придивилася. Колодязь був зовсім вузьким. Вікно навпроти розташовувалося не далі як за три метри. Вона чітко побачила простору їдальню. За столом сиділи Горошкові й неквапливо обідали. Вони скидалися на героїв вікторіанської саги. Стародавній одяг жінки підкреслювала накрохмалена чорна блузка зі стійкою і брошкою на самісінькій горлянці. Вона сиділа так рівно, наче висока зачіска тягнула її кудись назад. Чоловік замружив оком пенсне. На ньому був блискучий чорний фрак. Обоє поважно їли суп, не промовляючи жодного слова.

Марія постояла там ще хвилину й вирішила відкласти розмову до кращих часів. Все одно поспішала на роботу.

Побачене непокоїло її. У першу зустріч сусідська подружня пара видалася їй вельми правильною, можна навіть сказати надійною. Зрештою, проводити свій час удома вони мали право так, як заманеться, та було в цьому всьому щось несправжнє, бутафорне. Вони не здавалися людьми, які розважаються, переодягаючись удома в костюми інших епох. Вони мали лячний і спустошений вигляд. Марія зраділа, що завдяки своїй маленькій розвідці викрила сусідів. Вар'ятів краще знати в обличчя, щоб потім не було неочікуваних сюрпризів.

Марія запізнилася на своє перше заняття. Вона була впевнена, що спостерігала за сусідами не більше ніж хвилину, і в неї було вдосталь часу, щоб пішки дійти на роботу. На місці вона планувала бути ще до дванадцятої. Марія зайшла у велику аудиторію, але там було лише четверо дівчат. Вони збилися в купку й весело про щось гомоніли.

— А де всі решта? Добрий день, — суворо запитала Марія, скидаючи на ходу верхній одяг.

— Розійшлися хто куди.

— Як це розуміти?

— Вже минула година від початку пари. Ми всі почекали, а потім розійшлися.

— Зараз рівно дванадцята го… — Марія не договорила.

Глянула на свій ручний годинник і побачила, що вже 13:05.

— Це якась помилка… А у нас справді заняття було на дванадцяту?

Одна з дівчат голосно пирснула. Друга чемно відповіла:

— Так. Розклад висить на другому поверсі. Там, де завжди.

— Тоді починаймо займатися, — опанувала себе Марія.

— Залишилося 15 хвилин до кінця пари, — неохоче відгукнулися дівчата. — І нас лише четверо…

— Добре. Я владнаю це непорозуміння. Ми все відробимо.

— Звісно. До побачення! — радісно відповіли студентки.

Щойно Марія вийшла на коридор, як почула нестримний регіт з авдиторії. З кого сміялися студентки — у неї не було жодного сумніву. Сперлася спиною об двері. Все чомусь летіло під три чорти, а вона що далі, то більше втрачала контроль над власним життям. Ніхто не повинен здогадатися, що з нею щось не так. У власному божевіллі вона вже переставала сумніватися.

Марія опанувала себе й рушила до виходу, аж раптом почула, що хтось поклав їй руку на плече. Обернулася.

— О, Володя. Я, власне, збиралася до тебе, — широко всміхнулася.

— Щось сталося? Чому до мене підходять студенти й кажуть, що тебе немає на заняттях?

— Сталося непередбачуване... — вона на мить знітилася.

Жінка відчувала, що котиться кудись попід гору. В іншому випадку вона ніколи б не відбріхувалася. Сказала б як є і без жодних реверансів. Але як зізнатися, що вона провалилася в кролячу нору? Сказати, що не знає, де була цілу годину, і тому спізнилася?

— Я була в лікаря... Все склалося так, що мені довелося затриматися.

Лапідус миттєво змінився в обличчі.

— Знову проблеми?

— Ні... ні... точніше, я поки що не знаю. Але там брали пункцію, і я не могла зіскочити з голки...

— Вибач, — коротко сказав завкафедри. — Будь нам здорова. Але в майбутньому попереджуй заздалегідь. Щоб студенти не бігали й не шукали тебе. Бо так ти й себе, і мене підставляєш. Почнуть знову щось вигадувати.

— Я зрозуміла.

* * *

Як же їй не хотілося зараз повертатися додому! Вперше після довгої зими в повітрі пахло весною. І хоча під ногами ще було багато брудного талого снігу, навкруги так ясно світило сонце, що хотілося примружитися й віддатися мріям. Усі гадали, чому Марія така моложава. Подейкували, що там уже цілий батальйон косметологів і хірургів танком по обличчю проїхався. Але все було значно прозаїчніше. Вона в душі залишалася дівчинкою. Вік, хвороба, розлучення — ніщо не могло вломити тієї гнучкої лози, що росла в неї всередині. Вона гнулася під усі обставини й завжди проростала новим зеленим листям. Так і цього разу — вирішила не піддаватися. Яскраве сонячне проміння навернуло її на неочікуване рішення. А що, якби разом усе кинути й полетіти кудись до моря? Можливо, з холодом і втомою відійде все божевілля, що спрутом тримало її й не давало вдихнути на повні груди. Може, треба було на ті гроші купити собі якусь хатинку в Туреччині? Так, щоб одразу біля моря? Подейкують, там нерухомість навіть дешевша за нашу. Але ця думка її не зігріла. Море — це добре, але, окрім моря, важливі й люди. Жити в далекій культурі, серед чужих людей видалося їй дурною ідеєю. Інша річ — десь у Європі. Але на те треба ще добряче гарувати. «Дав би Бог здоров'я. А поки можна поїхати й розвіятися. Бідний Володька. Знову йому доведеться за мене віддуватися», — подумала вона й розсміялася сама до себе.

Марія зайшла в турагентство до своєї знайомої — Тетяни.

Таня зустріла клієнтку, як завжди, привітно. Марія купувала подорожі лише в неї. Був якось випадок, коли Марія з Павлом мали летіти на море, але в останній момент у нього загострилася міжхребцева грижа. До відльоту залишалося менш як тиждень, і весь тур був уже повністю оплачений. Таня тоді обдзвонила всі інстанції й повернула клієнтці гроші. Як їй це вдалося, досі залишалося загадкою. Після того Марія зверталася лише до неї й радила чесну людину всім близьким.

— Куди зібралася? — усміхнулася Таня.

— Поки що не знаю. Порадь щось. Хочу моря й повного перезавантаження.

— Ну, тоді це Мексика, — безапеляційно мовила Таня.

— Ого! Чому так далеко?

— Бо там, крім шикарної природи й сервісу, ти знайдеш круті ретрити. Я навіть відправлю тебе в готель, де проходять різні шаманські ретрити. Чула про ауаяску?

— Хто ж не чув... Та чи для мого то віку?

— Воно перезавантажує на всі сто. Я пробувала. Головне, щоб правильний провідник попався. У готелі, куди я тебе відправлю, є один шаман. Він творить чудеса. Раджу. То є зе бест.

— Ти мене заінтригувала. А серце витримає?

— У тебе хворе серце?

— Ні.

— Головне — за місяць до того не вживати ніяких психотропів та алкоголю. Треба бути чистим. Це важливо. Ти коли зібралася летіти?

— Не знаю. Ця думка взагалі щойно на вулиці виникла.

— Гаразд. Тоді я тобі на мейл відправлю пропозицію. Може, ще щось додам від себе. Мені треба подумати.

— Ой, тільки не на мейл. Роздрукуй усе, а я підійду й заберу днями.

Таня здивовано відірвала очі від монітора. Уважно придивилася до клієнтки й лише зараз зауважила, що та має кепський вигляд. Схудла, аж щоки позападали.

— Ти на якомусь детоксі?

— Ні.

— Добре, я роздрукую для тебе всі пропозиції. Підходь у середу.

— Прекрасно, постараюся після обіду.

*Павло та Уляна*

Уляна прийшла до Павла в університет, коли в нього закінчилися всі лекції. Навмисне домовилися зустрітися ввечері, щоб ніщо не відволікало від розмови. Обоє відчували занепокоєння через дивну поведінку Марії. Уляна як особистий психолог спостерігала, що клієнтка останнім часом дуже дистанціювалася. Загалом поводилася незвично. Коли Уляна намагалася вивести її на відверту розмову, то постійно натикалася на стіну погано замаскованих секретів. Психологиня не хотіла втрачати багаторічну пацієнтку, а тепер ще й близьку подругу. Звернутися до Павла. Він був єдиною контактною особою, яка пов'язувала її з Марією. Уляна розуміла, подруга-пацієнтка її вб'є, якщо взнає про це, однак сподівалася на конфіденційність і порядність Павла. Уляна знала, що це дуже неправильно — поєднувати робочі стосунки з дружбою. Це неетично й непрофесійно. Зараз вона як ніколи почувалася в дурній ситуації і платила за відхилення від єдиних лікарських стандартів своєю репутацією.

Павло завжди вважав Уляну «таким собі» психологом. Розвелося їх таких без ліку. Як викладач університету він добре розумів, чого варте навчання в інституті післядипломної освіти, де готували новоявлених психологів. Лекції проводили для галочки раз на півріччя. Хто хотів щось знати, той, звісно, самотужки натягувався інформацією протягом року. А решта, ті, хто покладалися на двотижневу начитку раз на півріччя, залишалися з фігою знань і пафосним університетським дипломом на руках. Враховуючи все, що він знав про Уляну, жінка належала саме до другої групи мозкоправів. Все, на що їй вистачало знань, — намалювати ворога на аркуші паперу, а потім порвати його або спалити.

* * *

Павло саме збирав книжки й аркуші паперу у свій портфель, коли в кабінет зайшла Уляна.

— Доброго дня, — привіталася вона добре поставленим голосом, що відповідав усім психологічним стандартам.

Павло всміхнувся. Не відриваючись, завершив свої справи, закрив портфель і лише тоді підняв погляд на гостю.

— Вітаю, — коротко відповів він.

Йому було не надто приємно спілкуватися з цією жінкою. Хто-хто, а він добре розумів, скільки його брудної білизни вони вдвох із Марією перетрясли на сеансах. Павло почувався голим, незважаючи на джинси й гольф грубої в'язки.

— Перепрошую за цей візит, але я не знала, до кого звернутися.

Уляна впевнено пройшла до столу й без запрошення сіла на студентське крісло за першою партою.

— Ви правильно вчинили. Яка у вас до мене розмова?

Павло говорив швидко. Паралельно він щось робив у своєму лептопі.

— Перепрошую, маю зовсім мало часу. Давайте у двох словах означимо периметр проблеми.

— Добре, — неквапливо протягнула Уляна, збираючись зі словами.

Вона уважно роздивлялася Павла. Його поведінка неприємно вразила. Вона звикла до дещо іншої реакції з боку чоловічої статі. Красива й струнка брюнетка в діловому костюмі завжди викликала підвищену увагу. Але не цього разу. Павло майже не відривав погляду від свого лептопа, лише кілька разів швидко поглянув на гостю.

— Марія віддалилася. Зрідка відповідає на телефонні дзвінки, — почала вона.

— Ну, вона вже доросла дівчинка, я так розумію, — усміхнувся Павло. — Має право на особистий простір.

— Повністю з вами погоджуюся, — провадила Уляна. — Якби не один нюанс. Нещодавно вона розповідала мені про якісь відео, що приходять до неї на телефон. Відео дивні. На них вона мало не з німбом і якимось глеком у руках. Це все нагадує шизоїдні прояви.

— Вона мені також говорила про відео. Думала, що це я їх надсилаю. Певно, і зараз так само думає, — нарешті відірвався від роботи Павло.

— І ще — вона прив'язалася до сусідського хлопчика. Розповідала мені в телефонній розмові. Сашко, здається. Казала, що то сім'я алкоголіків. Що живуть вони у дворі на першому поверсі її дому.

— І що з того?

— Можливо, це ця сімейка так на неї впливає. Можливо, вони їй щось підмішують… Я не знаю. Я чужа людина, не маю права втручатися. Вона просто пошле мене на три веселі букви — і правильно зробить. Вирішила з вами переговорити.

— Я тепер також чужа людина. І мене вона також може послати. І робила це не раз.

— То будемо просто спостерігати? — розчаровано запитала Уляна.

— Ні. Я підійду сьогодні туди. Розпитаю про ту сім'ю.

Павло піднявся з-за столу, м'яко натякаючи, що розмову завершено. Уляна встала слідом за ним.

— Дякую, що приділили увагу.

— Це вам дякую. За небайдужість, — щиро відповів Павло, випроваджуючи подругу колишньої в коридор.

— І ще, — вже у дверях зупинилася Уляна. — Там якийсь майстер. Олег. Цілими днями в неї працює... Не знаю. Може, у них роман.

— А от це мені більше схоже на правду, — засміявся Павло. — Поки ми з вами вимальовуємо в себе в думках конспірологію, Марія насолоджується життям.

Павло зачинив кабінет на ключ і пішов на факультет юриспруденції. Там працював його добрий колега, а за сумісництвом повірений сімейними справами. Він завжди допомагав їм оминути будь-які бюрократичні ланцюги, оформляв заповіти, складав офіційні листи. Перескакуючи через сходинки, Павло піднявся на третій поверх. Поспішав, аби застати колегу на робочому місці. Юрко сидів у деканаті. Як завжди, обклався стосами паперів і суміщав викладацьку роботу з приватною практикою, що не раз було причиною пліток менш успішних колег по факультету. Юрко був дуже маленький на зріст. Високому Павлові він діставав лише до плеча. Та чоловік ніколи не комплексував. Був популярним у представниць прекрасної статі й мав імідж гульвіси-плейбоя. Як йому це вдавалося, залишалося загадкою.

— Привіт, — сказав Павло.

— Привіт, — приязно кивнув Юрій.

— У мене дуже особиста розмова до тебе.

— Розумію. Тут зараз нікого немає.

— Це має залишитися між нами.

— Ну та колеги, — усміхнувся Юрко.

— Гаразд.

Павло підійшов впритул і вмостився зовсім поруч за його стіл.

— Я хочу поговорити про колишню.

— Це не дуже етично,— знову всміхнувся Юрко.

— Послуга за послугу. Ти мене знаєш, я в боргу не залишуся.

— Питай, — коротко відповів юрист.

— Як на твій погляд, вона нічого дивного не робила останнім часом? Може, зверталася до тебе?

— Так, вона дзвонила, буквально вчора.

— Бінго!

— Та нічого дивного. Але хотіла зустрітися.

— Навіщо?

— Хоче внести зміни до заповіту.

— І все?

— Все. Ти розумієш, що це лише між нами?

— Звісно.

— Ти ще щось хотів?

— Ні. Вибач, мушу бігти. З мене могорич.

— Ще й який! — награно серйозно погодився Юрко, піднявши лише одну брову, від чого став схожим на маленького мудрого бабака.

* * *

Від універу до вулиці Коперника Павло пройшов пішки. Це було зовсім близько. Минув парк Івана Франка, потім Палац мистецтв, палац Потоцького і вже за дві хвилини був перед брамою будинку номер 3. Дорогою згадав легенду, якою хизувалася Марія: буцімто в цьому домі колись мешкала коханка Потоцького. Павло всміхнувся, зайшов у довгу трубу під'їзду й повернув ліворуч у темний двір. У кінці двору був вхід до ще одного під'їзду. Там, за всіма орієнтирами, і мала бути потрібна йому квартира.

На першому поверсі він не побачив дверей до житлових приміщень. Лише під сходами були маленькі дверцята, за ними прибиральниця тримала весь свій нехитрий крам. Павло покрутився на місці, спробував відчинити двері й переконався, що там справді лежали відра, шмаття й віники різноманітного калібру.

Раптом він почув, що сходами хтось спускається вниз. Це був літній чолов'яга невеличкого зросту в синьому комбінезоні й гумаках.

— Вітаю, — заговорив до нього Павло. — Ви мешкаєте в цьому під'їзді?

— Доброго здоров'ячка! — бадьоро привітався чолов'яга. — Ні. Я мешкаю біля ліфта. Власне, я тут працюю ліфтером, — пояснив він.

— Зрозумів. А ви часом не знаєте сім'ю, у якій проживає маленький хлопчик? Сашко. Подейкують, що це не зовсім благонадійна сім'я, але я хотів би сам у цьому переконатися.

— У нас тут таких не є! — гордо відгукнувся ліфтер. — У цьому домі мешкають лише дуже пристойні люди.

— А хлопчик Сашко тут проживає?

— Ні. Немає такого, — відповів ліфтер, уважно роздивляючись Павла. — Ви з поліції? — раптом запитав він.

— Ні. Я у приватній справі.

— Приватний детектив? — не вгамовувався ліфтер.

— Можна й так сказати, — обережно відповів Павло.

— Ну то питайте! Питайте мене ще щось! Обожнюю фільми про приватних детективів.

— З тою різницею, що ми з вами — не у фільмі. Це життя.

Павло дружньо поплескав літнього чоловіка по плечах і вийшов із під'їзду на свіже повітря. Прохолодний і мокрий сніг миттєво освіжив йому голову.

# 10

Марія навмисно не сіла в ліфт. Пішла нагору сходами, щоб ненароком заглянути у вікно до Горошкових. На другому поверсі пригальмувала й зупинилися біля колодязя. Після обіду туди потрапляло зовсім мало сонця, і Горошкові ввімкнули люстру. Тепер усе було наче на долоні. Кімната дуже затишна й охайна. Нічого не дивувало. Звичайна кімната літніх людей зі старими меблями та кришталевою люстрою ще радянських часів. Обіднього столу зі свічками в помешканні вже не було. Загалом усе мало зовсім інший вигляд.

— Маячня якась, — уголос мовила жінка.

— Це справді якась маячня. Скільки ходимо до ЖЕКу і просимо прибрати дашок на горищі! Через нього так мало світла до хати потрапляє. А вони ніц не роблять!

Марія обернулася й побачила пана Горошкового. Він піднімався сходами догори й тепер стояв упритул у неї за спиною.

— Так. Даруйте, що я заглядаю, — розгублено проговорила жінка. — Просто мені зараз усе цікаво роздивитися в домі.

— І я вас прекрасно розумію, — приязно усміхнувся літній чоловік. — До нас постійно хтось заглядає. Діти, коли спускаються з музичної школи, що на верхньому поверсі, завжди стоять тут і лупають очима.

— Розумію, — протягнула Марія. — До речі, я маю до вас розмову.

— Яку?

— Хочу поговорити про Сашка. Того маленького хлопчака, що ви мене з ним уже бачили.

— Йой, бідне дитинча...

— У тому-то й річ. Треба йому якось допомогти. Давайте всім будинком напишемо скаргу. Нехай ним займуться відповідні органи.

— І шо то дасть? — смикнув плечима сусід. — Дитячий будинок — не найкраще місце, скажу я вам.

— Та вже краще, ніж в одній кімнаті з мамою та її хахалем.

— Як знати. Як знати...

— А ким його мама працює?

— Кажуть, певічка якась,— вже зовсім неприязно відповів Горошковий. — Він їй ніколи не був потрібний. А хлопчак хороший. Дуже добрий і потребує ласки. Ми з дружиною завжди його підтримуємо. То краще вже йому тут із такими сусідами, ніж у дитячому будинку. Чи ні?

— Можливо, я б його забрала до себе, — невпевнено проговорила Марія.

— Можливо? — перепитав Горошковий.

— Я ще не впевнена.

— От коли будете впевнені, тоді й продовжимо цю розмову, — сухо відповів чоловік.

— А чому ви зі мною так розмовляєте? — нарешті не втрималася Марія.

— Як так?

— Як ніби я вам щось винна!

— Мені ви нічого не винні, люба пані Маріє. Гарного вечора. А щодо всиновлення — це гарна ідея. Лучьше позна, чєм нікогда.

— Даруйте?

— Та це я так. Цитую Тита Лівія.

Літній чоловік уклонився на стародавній манір, і Марія помітила в передній кишеньці його пальта біля складеної трикутником хустинки пенсне в тонкій металевій оправі.

* * *

У себе вдома Марія застала майстра Олега. Він, як завжди, радісно та завзято працював над кухонними поличками.

— А як ви сюди зайшли? — від здивування Марія знову перейшла на «ви», хоча минулого разу зверталася на «ти».

— З ключами, — просто відповів молодий чоловік і показав на зв’язку ключів, що лежала на столі.

— Звідки вони у вас?

— Ви мені дали минулого разу. Так і сказали, щоб міг приходити, коли душа забажає.

— Коли душа забажає? — перепитала жінка.

— Саме так. Дивіться, — перевів він розмову на інше. — Я пофарбую полички в зелений колір. І на тлі лимонної стіни буде дуже гарно!

— Справді гарно, — погодилася Марія й дістала з холодильника фляжку відкоркованого білого вина.

— Будеш? — знову перейшла на «ти» жінка.

Олег був зовсім молодим, до того ж було в ньому щось таке, наче вона знала його все життя.

— Хіба зовсім трішки. Я не п'ю, — погодився чоловік, щоб її не образити.

— Та я також не п'ю вже якийсь час, — наповнюючи келихи, сказала жінка і простягнула один майстрові. — Але день сьогодні видався ще той.

— Розповісте?

— Та нема чого розповідати. Світ навколо збожеволів.

Марія випила до дна й голосно поставила фужер на стіл.

— Була сьогодні в туристичному агентстві. Хочу поїхати в тур Мексикою.

— Ого! — здивувався Олег.

— Еге ж, — усміхнулася Марія й налила собі ще трішки вина. — Самій лише там буде сумно. А так ідея з туром хороша.

— Хіба в Мексиці може бути сумно? — здивувався чоловік.

— Удвох завжди веселіше, — відповіла вона й обережно підморгнула майстрові.

Той продовжував усміхатися, наче не помічаючи грайливого тону Марії.

— Я у ванну. Прийму душ. Мені там, до речі, треба поличку поправити. Перекосилася, — і жінка знову підморгнула йому, щоб уже нарешті допетрав, про що йдеться.

— Добре. Я підійду, коли ви закінчите.

— От і розумник, — сказала й вийшла з кухні, не причинивши за собою дверей.

Навіщо вона почала вульгарно залицятися до майстра, Марія й сама не знала. Все сталося імпульсивно. Чи то вино в голову вдарило, чи просто в неї дуже давно не було чоловіка.

Вона замислилася й почала рахувати. Вже більше року минуло з того часу, як у неї була фізична близькість. І тоді все було дуже навіть погано. Після хімії вона до кінця не оправилася й терпіла над собою того офіціанта, як після двадцяти п'яти років спільного життя разом. Але тепер щось її потягнуло знову. Марія залізла у ванну й пошкодувала про цей недоречний імпульс.

Олег прибіг до неї через десять хвилин, коли почув пронизливий крик Марії.

— Що трапилося?

— Хто це? — запитала вона, вказуючи рукою на старе дзеркало, вшите в дерев'яну раму. Воно висіло на вільній від кахлю стіні.

Олег подивився на дзеркало, але нічого дивного там не побачив.

— Здається, я знаю, що ви бачили.

— Знаєш? — перепитала Марія.

Вона геть забула, що лежить у ванні гола. Про будь-які залицяння жінка також забула.

— То капітан Джек.

— Хто?

— Я так його називаю. Там, за дзеркалом, є скелет. Його туди ще за часів казино запхали. Цього дзеркала ніколи ніхто не чіпав. От і стоїть він там, бідолаха. Але часом з'являється у дзеркалі. Коли зовсім сумно, — раптом розсміявся чоловік.

— Це такий жарт?

— Ні. Це не жарт. Там справді поховані останки.

— А чому ви про це поліції не сказали? І звідки вам це відомо?

— Мені багато чого відомо. І тобі скоро багато всього відкриється. Ще зовсім трішки почекай. Зовсім трішки.

Олег ніжно подивився на Марію. Вона помітила, що він перейшов на «ти», і подумала, що зараз щось буде. Але молодий чоловік ввічливо позадкував і вийшов. Марія знову поглянула на дзеркало, але побачила лише своє відображення.

* * *

Коли вийшла з ванної, Олега у квартирі вже не було. «Втік», — подумала вона собі і в душі зраділа. Його останні розмови про капітана Джека здивували. Олег аж ніяк не скидався на дурня. Може, і справді там якась холера за дзеркалом? І як їй тепер тут спати, коли такі думки в голову лізтимуть? Марія пішла в бібліотеку й дістала з поличок нещодавно куплену книжку. Це був якийсь щемкий роман, який їй порекомендувала Уляна. Легке чтиво, аби спокійно заснути.

Біля книжкових шаф Марія знову побачила багато піску. Вона взяла віник, лопатку й почала змітати, але пісок поводився як ртуть — то змітався докупи, то розсипався на окремі крупинки. Марія кинула віник і пішла по пилосос. За кілька хвилин пилосос усмоктав весь бруд. Не зупиняючись, жінка вирішила прибрати всю квартиру, а далі й сходовий майданчик. Від тих двірників чистоти не дочекатися.

Підняла килимок біля дверей і вимела звідти весь порох. Позаду почулося покашлювання. Хтось хотів привернути її увагу. Марія обернулася. Там стояв ліфтер.

— Пані Маріє, здрастуйте! — бадьоро сказав чоловік.

— Доброго вечора.

— Мені тут треба підписати деякі папери щодо обслуговування ліфта.

— Нема питань. Давайте свої папери.

Жінка розігнулася й відчула, як після роботи її вхопили крижі.

— А зайдіть-но зі мною в ліфт. У мене все там.

Марія мовчки пішла за ліфтером. Усередині ліфта вона одразу помітила кардинальні зміни. Замість старого дзеркала там тепер стояв справжній гральний автомат.

— Кидайте золотого! — велів ліфтер.

— Що? — перепитала жінка.

— Кидайте золотого в автомат!

— Якого ще золотого?

Ліфтер показав їй самими очима на кишеню халата. Марія витягнула звідти золоту фішку, яку нещодавно знайшла на кухонних антресолях.

— Кидай! — командував ліфтер.

Вона закинула фішку в щілину однорукого бандита — і на його екрані одразу почали сипатися найрізноманітніші зображення. Малинки, полуниці, кеглі, кораблики, клоуни, шахи, яблучка, кролики, футбольні м’ячі...

Нарешті барабани зі скрипом зупинилися — і на екрані залишилося три однакових зображення. Три сірих черепи з хижою посмішкою.

— Вітаю! Ви виграли! — вигукнув ліфтер.

З автомата почав сипатися пісок.

— Що це?

— О! — благоговійно сказав чоловічок. — Це Вона! А ви думали, який Вона має вигляд? У вас удома також багато піску?

Не дочекавшись відповіді, ліфтер засміявся й відчинив двері старого австрійського ліфта.

— Проше пані.

# 11

Уляна прийшла без попередження. Вона не могла додзвонитися до подруги, а в усіх чатах Марія видалила свої профілі. Останнє було дивним дзвіночком, що чітко сигналізував про наявність проблем — явних або ж надуманих. Уляна більше схилялася до другого варіанта. Вона завжди вважала Марію персоною ексцентричною і здатною до самонавіювання. «Артисти всі такі», — думала вона, а артисти в літах — і поготів.

Марія відчинила не одразу. Було помітно, що з'ява подруги її не особливо втішила.

— Ти де пропала? Дзвоню тобі, дзвоню.

— Не знаю. Я не бачила від тебе дзвінків.

— Ага, — недовірливо простягнула Уляна.

— Серйозно. Можеш подивитися на мій телефон.

Уляна махнула рукою й розсміялася.

— Ну я ж не ревнивий коханець! Чого мені не вірити тобі, а тим більше щось перевіряти. Краще похвалися квартирою! А то ж так і не показала мені!

— Проходь, — Марія відійшла вбік, пропускаючи подругу, яка переможно несла в руці пляшку мартіні.

— Ще навіть обіду немає, — натякаючи на алкоголь, сказала Марія.

— Тебе це колись зупиняло? — усміхнулася Уляна, із захопленням оглядаючи квартиру. — Ну і стелі! Та тут як у музеї! Лише не вистачає картин. Їх варто вішати в кілька рядів. Аж догори!

Марія зітхнула й зачинила за подругою двері. Нагадування про картини було для неї болючою темою.

— І не нагадуй. Половину забрав Павло, при тому, що не купив у ту колекцію жодного полотна!

— Усі красиві мужики кончені, — випалила Уляна й озирнулася на подругу. — Вибач.

— Та немає за що вибачатися. Це ж правда, — спокійно відповіла Марія і взяла з рук Уляни пляшку.

— А що це за прикол із ліжком у вітальні? Хоча, чесно кажучи, на вигляд дуже по-європейськи й богемно. Я колись була у Венеції. Ми жили в старому палацо. То там така ж конструкція була. Дуже схоже.

— Тут були багряні оксамитові штори, вони вдало ділили покій на дві половини. Та довелося їх прибрати.

— Чому?

— Складно сказати. Вони мене дуже пригнічували. Чи що...

Жінки пройшли на кухню. Там ще пахло фарбою. Олег дуже вдало підібрав кольори.

— То ти вже й ремонтом зайнялася? — втягуючи ніздрями запах фарби, поцікавилася Уляна.

— Довелося. Олег усе для мене робить. Я вже тобі про нього розповідала.

Уляна багатозначно подивилася на подругу, але та ніяк не зреагувала.

— Тут є зовсім запущені місця. Треба їх підрихтувати і продавати цю хату. Шкода лише того малого залишати. Я до Сашка прикипіла…

Уляна продовжувала уважно вдивлятися в обличчя подруги, але не могла прочитати на ньому жодної відповіді. Як завжди — артистична, надто гучна й метушлива, але водночас поважна, самодостатня й гонорова.

— Тобі личить ця квартира.

— Мені твоє палацо у Венеції личить, а не ця родера, — засміялася Марія й наповнила келихи напоєм. — Багато не п'ємо, бо я сьогодні прийняла таблетку.

— Знову? Хочеш поговорити про це?

— Ні. Нічого тут говорити. Все мине. І це також.

— Позитивненько, — порснула Уляна. — Минає день, минає ніч…

— О, так. Я — як Мозговий. Старий, хворий, талановитий.

— Мозговий, до речі, помер. Ти не знала?

— Так от і я, може, скоро помру…

— Що це за настрої? Що ти таке верзеш? У тебе все гаразд?

Марія присіла за стіл і згадала, що знову нічого не їла. У горлі стояв якийсь гіркий присмак. Наче наїлася тих столітніх оселедців, що лежали на антресолях.

— Та все добре, не переживай. Живіт щось ниє, тягне цілий ранок, як при менструації.

— У тебе ж клімакс давно.

— Не так і давно. Лише чотири роки, — поправила її Марія.

— Тобі треба до лікаря.

— Мені й сестра весь час про це. А в мене якийсь спротив. Наче відчуваю, що почую щось погане, а вони всі зрадіють.

— Ну чому ти так певна того, що всі хочуть тобі зла? Вони всі люблять тебе, але по-своєму. І Олюня, і племінниця, і навіть Павло. Про себе я взагалі мовчу.

— Павло? — недовірливо перепитала Марія.

— Думаю, так. Просто кожен із нас здатен любити посвоєму. Ну не вміє він по-іншому. Така його любов. А ти мала це одразу зрозуміти. А не на красиве личко вестися...

— Ти помиляєшся. Він уміє любити по-справжньому. Він це довів зі своєю новою жінкою. Там навіть дітей встругнув. А від мене не хотів.

— Та то не в тобі річ. Просто молодий був. Не хотів відповідальності. До того ж розумів, що ти народиш і кинеш на нього дітей, а сама чкурнеш на гастролі. Інша річ зараз. Старість не за горами. От і знайшов собі доглядальницю, плюс бонусом ще двоє, які підростуть і за татом ходитимуть. То старий егоїст. Нічого просто так не робить.

— А й справді. А я про це навіть не думала, — здивовано вимовила Марія.

— Бо ти ображена жінка, у тебе туман перед очима. А я все бачу з холодним розумом.

— Знаєш, мені від цих слів аж легше стало. Ну чого ти мені цього раніше не говорила?

— Та я говорила. І не раз. Просто раніше ти мене не чула...

Марія приклала руку до низу живота.

— Болить?

— Так. Але я вчора натирала пастою паркет. Бачиш, як блищить? То це може поперек віддавати. Не в тому я вже віці, щоб підлогу пастувати. Крижі даються чути.

— Ну то я краще піду. А ти приляж. Почитай ту книжку, що я рекомендувала. Вона така добра і світла, тобі одразу на душі посвітлішає.

* * *

Уляна пішла, а Марія взяла книжку і прилягла на диван у кабінеті. Сара Джіо «Ожинова зима». Марія уважно оглянула обкладинку, придивилася до фотографії автора й лише тоді почала читати.

На десятій сторінці відчула, що біль швидко наростає. Відклала книжку і встала. Побачила, як по нозі стікає червона цівка. Але місячних у неї точно не могло вже бути. Марія пройшла у ванну кімнату — і різко звалилася з ніг на холодну плитку. Біль скрутив усі її м’язи. Спазми хвилями зав’язували тіло в міцні ґудзи. Кров продовжувала помалу сочитися з неї. Їй стало страшно. Як вона відразу не зрозуміла, що в неї температура? Лише зараз відчула, що гарячка заволоділа всім тілом, спаралізувала й обезволила. Сорочка прилипла до спини, а скронями стікали тоненькі цівочки поту. «Що зі мною? — думала вона, навмисно глибоко дихаючи. — Зараз ще трішки відпочину й піднімуся по телефон». Тіло тим часом ставало все важчим. Вона відчувала, що й пальцями поворушити не може.

Прикрила повіки й побачила там цілий світ. За заплющеними очима почали пролітати спогади, марення, справжнє та вигадане. Чомусь побачила себе серед джунглів. Перед нею на колінах стояв шаман і простягав дерев’яну чашу з рідиною. Вона точна знала, що це ауаяска. Марія рішуче взяла напій і випила все до денця.

— Тур на той світ, — почула вона чіткий чоловічий голос і різко розплющила очі.

Поруч нікого не було. Силуючи себе, Марія повернула голову й побачила в дзеркалі скелет капітана. Інтуїтивно вона була певна, що голос належав саме йому. «Треба розбити це дзеркало», — подумала вона і знову заплющила очі. Її накрила хвиля тепла. Умить навіть стало гаряче. Але не від температури, а від дотику гарячої води. За заплющеними очима вона побачила себе — ще геть молоденьку, красиву, наївну дівчинку. Марійка лежала в гарячій ванні і кривилася від болю. Їй також було боляче. Але вона вперто досиджувала свою годину в страшенно гарячій воді. До того вона качала прес, разів сто зробила — так, щоб напевне. А тепер сиділа в цьому окропі. Затримка десять днів, а їй усього 17. Що батьки скажуть? Як таку ганьбу пережити? З ванни її, напівпритомну, витягнула мама. А вже ввечері почалися дуже болючі місячні. Принаймні її мама так думала. А вона добре розуміла, що це зірвалася перша небажана вагітність.

Марія розплющила очі. Відчула, як щось пре її зсередини. Почала часто дихати й тужитися. Піт котився скронями. Все навколо стало геть нереальним. У повітрі знову з'явилися перламутрові кульки. Вони переливалися й підкреслювали ілюзорність усього, що відбувалося навколо неї. Перламутрові кульки дуже помалу переміщалися. Здавалося, разом із ними сповільнився й час.

Нарешті відчула, як щось вискочило з неї, звільнивши нарешті. Марія піднялася на лікті й побачила в себе між ногами шматок м'яса. Це була плацента, від якої довгим шнурком тягнулася покривавлена пуповина. Знову глянула на дзеркало. Не покидало відчуття, що хтось спостерігає за всім цим абсурдом. У дзеркалі побачила лише своє змарніле обличчя, скривлене від болю й розпачу.

Гарячка почала відходити так само швидко, як і нахлинула. Марія обережно піднялася й пішла до крана. З неї й далі капала яскрава багряна кров. Жінка підклала між ноги старі майтки, прокладок у неї вдома вже давно не було. Потім вимилася, пригладила волосся й пішла збиратися до лікаря. Біль майже повністю вщух, гарячка також відійшла. Вона почувалася кволою й дуже втомленою, але відкладати візит до лікаря не мала права. Це було вже навіть для неї очевидно.

* * *

Марія пішла до свого лікаря в залізничну лікарню біля парку Івана Франка. Її дідусь працював на залізниці, відтоді так звикла до цієї лікарні, що ніколи не змінювала. До того ж тут працював дуже хороший лікар, принаймні вона так собі про нього думала. Він був дуже красивим, і це вкотре зіграло з нею злий жарт. Ну любила вона красивих хлопів, ідеалізувала їх. Так було завжди, ще змалечку, коли захоплювалася кінострічками за участі Марлона Брандо. Лікар-гінеколог нагадував їй Містера Біга з «Сексу в великому місті». Та й не просто нагадував, він був мало не двійником американського актора. Якби не її хвороба, Марія закрутила би з ним роман.

Пройшла через великий внутрішній двір, піднялася на другий поверх у гінекологію. Усередині все було як у старих добрих державних лікарнях. Тут час застиг і не збирався рухатися вперед. Марія навіть засумнівалася. Певно, треба сходити паралельно ще до одного лікаря, їй давно радили престижну приватну лікарню на Майорівці. Мабуть, так вона і вчинить, а поки зайде ще разок до свого Містера Біга.

— Доброго дня, а Юрій Олександрович на місці? — запитала вона, заглянувши в ординаторську.

— Так. Вийшов на огляд. Скоро повернеться. Що йому передати? — запитала інша лікарка.

— Нічого. Я почекаю в коридорі.

Марія почала колупатися в телефоні. З того часу, як вона знесла всі соціальні мережі та месенджери, телефон перестав викликати в неї жах. Кілька разів було бажання перевірити мейл, але вона стримувалася. Треба перечекати. Усе це колись припиниться. Вона вилікується, психологічно зміцніє й поїде на море.

— О, пані Марія! — почула вона голос лікаря.

Не спиняючись, він провадив на ходу:

— Заходьте. У мене небагато часу, але для вас знайдеться.

Жінка пішла слідом за ним в ординаторську.

— Ви на черговий огляд? Пора здати всі аналізи, я так розумію?

— Уже давно пора. Я трохи затрималася цього разу.

— А чому ж так?

— Так вийшло.

— Добре. Є скарги?

— Так. У мене сьогодні почалася менструація.

— Кровотеча, ви хотіли сказати, — поправив її доктор.

— Так. Але це не все. У мене був жар, перейми. І зсередини вилізло щось схоже на плаценту.

— На плаценту без малюка? — усміхнувся гінеколог.

Марія пошкодувала, що сказала про це.

— А чому ви так сказали? Чому саме плацента?

— Бо від того м'яса тягнулося щось схоже на пуповину.

— Я думаю, це був великий згусток крові зі слизом. А тепер мені треба вас оглянути, взяти всі аналізи й відправити на УЗД.

Марія пішла слідом за лікарем в оглядову. Там на металевій таці вже лежали простерилізований гінекологічний шпатель, розширювач, дзеркальце та інші необхідні речі. Пошкодувала, що знову забула купити в аптеці одноразовий набір.

— Я забула принести набір для огляду...

— Не хвилюйтеся, пані Маріє, у нас тут усе добре стерилізують. Викиньте з голови всі хвилювання.

Марія так і зробила. Залізла на високе крісло, поклала ноги на утримувачі і прикрила очі.

* * *

У лікарні довелося провести близько двох годин. Після огляду вона ще чекала на УЗД, потім знову треба було повернутися до лікаря. Він запропонував їй якесь експериментальне лікування. З цього Марія зрозуміла, що справи в неї кепські. Поки що не було чіткого діагнозу. Треба чекати на результати біопсії. Але судячи з того, що показало УЗД та огляд, вона знову втрапила в халепу. Погоджуватися на експериментальні пігулки Марія не хотіла. До того ж лікар назвав ціну з чотирма зеленими нулями.

— А яку гарантію ви даєте з цими ліками? — запитала вона.

— П'ятдесят на п'ятдесят, — розвів руками галицький Містер Біг.

— Тобто нуль? — усміхнулася Марія.

— Перепрошую? — заграв вар'ята доктор.

— Знаєте, є така легенда. Колись давно один красивий старий єврей переїхав жити до Америки. Він, до речі, також був лікар. І от вирішив підзаробити на Брайтоні грошенят. Відкрив практику. Сказав, що завдяки біохвилям самими руками робить рентген плода, бо звичайний рентген, за його словами, — шкідлива штука. Умова була така. Я кажу вам стать вашої дитини, а в разі помилки гарантовано повертаю гроші. Звучало дуже порядно й чемно. Брайтонці потягнулися чергами до чудо-лікаря. Він був у виграші. Бо хоч і доводилося 50 відсотків грошей повертати, інші 50 відсотків все одно осідали в його кишені, адже помилятися на всі сто так само неможливо, як і вгадувати.

— Гарна історія, пані Маріє. Розвеселили ви мене, — реготав лікар.

— А от ви мене зовсім не розвеселили, — зітхнула Марія, встаючи з крісла.

— Подзвоніть мені через два дні. Буде результат біопсії.

* * *

Марія вирішила звернути в парк Івана Франка. Колись давно його називали — Костюшко. Так і залишилося в її пам'яті. З незапам'ятних часів у серці парку розташовувався ігровий майданчик з лавочками по периметру. Лавочки стояли в тіні дерев. На них переважно сиділи батьки і спостерігали за малечею. Марія вмостилася на одну з цих лавок. Далеко йти не хотілося. Боялася чергової кровотечі.

Просто сиділа й дивилася поперед себе порожнім поглядом. Навіть думок особливих не було. Лише втома.

На майданчику гралося багато дітей. Вони бігали, галасували та з'їжджали з гірки.

Раптом серед них вона помітила свого маленького сусіда.

— Сашо! — крикнула жінка.

Малий одразу обернувся й побіг до неї.

— Пані Маріє! А ви що тут робите?

— Сіла перепочити. А ти з дітками бавишся?

— Де там! Вони зі мною не граються. Взагалі мене не помічають. Я для них прозорий.

— Бідна моя дитина, — сказала жінка й погладила його по голівці. — Який же ти красивий, — не стрималася вона. — Ти мені дуже нагадуєш одну людину.

— Кого?

— Мого колишнього чоловіка.

— Цікаво було б його побачити, — усміхнувся малий.

— Та нічого цікавого там уже не залишилося, — зітхнула вона й обійняла малого.

Марія раптом відчула таку ніжність, що захотілося плакати. Сльози почали нестримно текти й капали прямо на спину хлопчака, який наче завмер в обіймах жінки. Він притулився до неї, і Марія відчула його тремтіння.

— Усе добре? — крізь сльози запитала вона.

— Краще не буває, — відповів Сашко.

Марія помітила, що повз них пробігли ті самі близнючки, яких вона вже бачила в себе вдома. Вони знову дивилися на неї з осудом і образою в очах.

— Сашо, а хто ці дівчата? Ти їх знаєш?

Малий подивився в той бік, куди вказувала Марія.

— Це мої сестри. Оля й Марійка. Але вони такі злюки. Я постійно з ними сварюся.

— Твої сестри? — здивувалася жінка. — То вони також живуть там, куди ти мене приводив?

— Так. У мене, крім них, ще є сестри. І навіть брат. Тільки він зовсім дорослий уже. Майже весь час на роботі.

Нова інформація поки що не вкладалася в голові. Вона чомусь думала, що Сашко — один у своєї мами. Хоча в таких сім'ях завжди багато дітей. Чого це її так здивувало?

— Ти голодний? Підеш до мене попоїсти?

— З радістю! — миттю згодився Сашко.

Вони разом піднялися з лавочки й пішли собі геть із парку в бік вулиці Коперника.

# 12

Удома Марія спершу зайшла в ванну, щоб прибрати там. Раптом дитинча зайде й побачить весь той ґвалт на підлозі. Але кахлі були чистими. Не було крові, а головне — не було того жахливого згустку. На його місці Марія побачила лише охайну гірку з мокрого піску. Вона ще мить постояла й вийшла. Почула стукіт молотка з бібліотеки. Там працював Олег. Він збивав із дощок відбірного бука вузьку кутову етажерку. Марія хотіла розмістити на ній свою колекцію дореволюційного фарфору. Зараз увесь цей скарб лежав у спеціальному ящику.

— Ти не прибирав у ванній кімнаті? У мене там сьогодні зранку кішка народила, — про всяк випадок поцікавилася вона.

— Ого! А де ж малючки? — як завжди широко усміхнувся Олег.

— Віддала сусідці. То дворова кішка була. А я вирішила їй допомогти.

— Яке добре у вас серце, пані Маріє.

— Та таке, як у всіх, — махнула рукою жінка. — Ну то як? Ти там прибрав?

— Ні. Я нічого не прибирав. Коли заходив помити руки, там було вже чисто.

— А. Ну, може. То, певно, сусідка прибрала, — на ходу вигадувала вона.

За Марією в кімнату забіг Сашко. Обличчя в нього було збуджене, із широко витріщеними очима.

— Де котики? Мамо, вони тут?

Марія обернулася й довго мовчки дивилася на малого. Вона хотіла було виправити його і сказати, щоб не називав її так, але стрималася. Можливо, випадково. Всяке може бути.

— Котів немає. Я їх уже віддала. Від них один сморід і нявкіт. Особливо від таких маленьких.

— А-а-а, — розчаровано протягнув малий, але зустрівся очима з Олегом, і той йому змовницьки підморгнув.

— Іди краще допоможи мені. Мені тут важко. Без міцної пари рук ніяк не обійтися.

— Та хіба ж я міцний? — здивувався Сашко.

— Ще й який міцний! Ти просто ще не пробував нічого. Певен, що ти й вантажівку піднімеш. Було б бажання.

— Це неправда, — сумно протягнув малий.

Думки про котів досі не відпускали його.

— Ану, не лінуйся. Потримай цю дошку, а я заб'ю гвіздки.

— Я б теж хотів гвіздки забивати!

— Е ні. Так можеш і без пальця залишитися. Твоя суперсила — в руках. Тримай дошку — і побачиш, який ти сильний.

Олег вдало заговорив малому зуби. Той кинувся допомагати. Марія тим часом почала прислухатися. З гори, з тієї самої музичної школи, долинав крик, писк і суцільний гамір. Здавалося, хтось ганяється за кимось, а наздогнавши, весело регоче.

— От що це таке? Я купувала нормальну квартиру, а не з борделем нагорі!

Олег припинив забивати гвіздки і прислухався.

— Але це не згори, — сказав він. — Хіба не чуєте? Це тут.

Він указав рукою на вузесенькі дверцята, щільно припасовані в кутку до книжкової шафи. Цих дверей тут раніше не було. Марія уважно подивилася на Олега.

— Ми спимо? — поставила вона найбезглуздіше запитання, на яке лише була здатна.

— Не зрозумів.

— Ми спимо? — повторила вона.

Марія добре пам'ятала, що двері з'являлися у снах. Але зараз усе було наяву. Це підтверджувало і здивування, що з'явилося на обличчі майстра.

— Що там? — знову запитала вона.

— Подивіться. Це ж ваша квартира, — розвів руками Олег і повернувся до своєї роботи.

Марія підійшла до дверей і прислухалася. Крик і справді чувся саме звідти. Вищали, пищали й дзвінко сміялися діти. Судячи з голосів, було їх там чимало. Марія кілька секунд вагалася, а потім відчинила двері. Їй не було страшно, враховуючи, що поряд є ще дві живі душі.

За дверима побачила простору ігрову кімнату. У ній налічила аж дев'ять дітей різного віку. Більшість вона бачила вперше, якщо не рахувати дівчаток із кісками, які несамовито билися двома пір'яними подушками. Найбільше крику йшло саме від них. Вони били одна одну по голові подушками, а навколо них розліталося біле пухнасте пір'я.

Увесь простір в ігровій був нереально перламутровим — наче в повітрі зависла одна гігантська мильна бульбашка.

Діти не зважали на Марію. Вони ніби не бачили її й тих дверей, що відчинилися в їхній світ. Як довго вона там простояла, складно сказати. Марія не могла відірвати очей від того видива. У неї покотилися сльози. Якось пояснити свій плач вона не могла, бо на устах мала усмішку. Очі нестримно ридали, а вуста блаженно всміхалися. Хто ці діти? Звідки вони тут? Раптом вона почула, що ззаду її хтось смикнув. Марія обернулася й побачила Сашка, який також заглядав до ігрової, притулившись збоку до одвірка. За мить він переступив поріг і приєднався до веселої гри близнючок.

Марія зачинила двері й подивилася на Олега. Той не виявляв на обличчі жодного здивування, а продовжував робити етажерку, тихо насвистуючи собі під носа веселу мелодію. Мовчки вийшла з кабінету. На мить замисливщись, накинула на плечі дублянку й пішла на сходовий майданчик. Ще мить вагалася. Не знала, чи можна отак просто ділитися своїм секретом із практично незнайомою людиною. Та щось підказувало їй, що сусідка не така вже й чужа. Вона мала б щось знати про цю квартиру. Марія обережно постукала у двері навпроти.

За дверима почулися кроки, а вже за мить на порозі з'явилася пані Стефа. За її спиною було видно частину коридору. Там горіло тьмяне світло, всі кутки танули в сірих сутінках. У коридорі взагалі не було меблів — лише довга дерев'яна лавка вздовж усієї стіни.

— Чим можу вам допомогти, пані Маріє? — запитала сусідка, стираючи цукрову пудру з кутиків рота.

У руках вона тримала надкушений пампух.

— Великодній пампушок, — наче виправдовуючись за свій гріх ласунки, усміхнулася літня пані.

— До Великодня ще трохи часу, — усміхнулася їй у відповідь Марія.

— Та це торішній.

Пані Стефа обережно поклала смаколик на лавку і знову повернулася до своєї гості.

— Ви в курсі, що квартира, в якій я мешкаю, м'яко кажучи, дуже дивна? — обережно запитала Марія, уважно вдивляючись в обличчя сусідки.

Пані Стефа мовчала. Вона також уважно дивилася на Марію.

— Ви розумієте, що я маю на увазі? — продовжувала та.

— Розумію, — коротко відповіла сусідка.

— У вас також відбуваються всілякі дивацтва?

Марія намагалася розговорити пані Стефу, а та, очевидно, вагалася.

— Це неважливо, — нарешті відповіла вона.

— Як це неважливо?

— У вас свої проблеми, а в мене свої. Відробляти маємо кожен за своє.

— Що відробляти?

— Життя.

— Ви про що?

Пані Стефа знову взяла з лавки надкушений пампушок. Щойно він повернувся в її руку, сусідка помітно пожвавішала.

— Піску в хаті багато маєте? — нарешті поставила і вона якесь запитання.

— Достатньо. Одного не можу второпати: звідки він береться?

— Вона приходить туди, де і має бути.

— Хто — Вона?

— Е… Пані Маріє, ви така наївна. Їй-богу, як дівчисько. Вона — це початок і кінець усього сущого. Вона схожа на ртуть. Перекочується, часом виблискує. Але то лише пісок. Пісок часу. Зрештою, усі ми пісок…

Марія відчула, що в неї ціпками вкрилося все тіло. Мороз гуляв по кінцівках, а страх чавив її серце й усі внутрішні органи. Згадався епізод у ліфті: однорукий бандит, три іконки, на яких вона побачила свій виграш.

— Що мені з цим усім робити? Треба звідси тікати!

— Від долі не втечеш — наздожене! Але тоді буде надто жорстокою! Краще не грайте в такі ігри.

— То що мені робити? Допоможіть мені! Я так більше не можу. Хочу податися на Кульпарківську.

— Вони за вами й туди прийдуть.

— Хто — вони?

— Привиди минулого. Бо їхнє минуле — це ваше майбутнє. Так завжди буває, коли штучно припиняється щось спільне й справжнє.

Марія мовчки дивилася на сусідку.

— Можна до вас зайти? Боюся, тут нас хтось може почути.

— Ні. До мене не можна. У вас своя територія, а в мене своя. Мусимо жати свої жнива самотужки.

Стефа знову вкусила пампуха, і її очі повеселішали. У них з'явилася бешкетна іскорка. Вона мовчки доїла. Потім, не поспішаючи, облизала цукрову пудру з пальців.

— Я спробую вам допомогти, — нарешті сказала вона.

— Дякую.

— Не дякуйте.

Стефа пішла вглиб квартири й залишила у дверях маленьку шпарку, через яку Марія не могла нічого розгледіти. За хвилину повернулася з клаптиком паперу в руках.

— Тут є номер телефону двох черниць. Подзвоніть їм. Можливо, вони зможуть вам чимось допомогти або зарадити. Краще вже в монастир піти, ніж на Кульпарківську, — додала вона.

— Завтра задзвоню, — розгублено мовила Марія.

— Краще дзвоніть сьогодні. У них багато справ. Та й ходять вони лише з самого ранку. Прийдуть до вас о 5-й ранку. Так уже в них заведено.

— Добре. Не дякую, — сумно всміхнулася Марія й пішла до себе.

Пані Стефа провела її довгим поглядом і зачинила двері, лише коли сусідка зникла в нетрях своєї квартири.

# 13

Цієї ночі Марія не спала. Вона знову залишила в себе Сашка. Уперше відчула, що боїться залишатися вдома сама. Радше це був навіть не страх. Це була необхідність присутності поряд живої душі. Когось, хто міг би розділити з нею все, що марилося. Хлопчик заснув майже одразу після того, як Марія вклала його на дивані в кабінеті. Сама лягла на своє ліжко і вкотре подякувала подумки Олегові за те, що так турботливо розвісив навколо напівпрозору білу органзу. За цими тюлевими фалдами вона почувалася захищено. Багряні штори він кудись забрав. Марія фізично відчула полегшення, коли їх не стало вдома.

Дуже довго читала книжку при світлі маленького мідного нічника. Потім скрутила світло на мінімум і спробувала заснути. Сон не йшов. О п'ятій ранку мали прийти дві черниці, яких рекомендувала пані Стефа. Марія боялася заспати, а ставити будильник не хотіла, щоб не розбудити малого. Він міг завадити їхній розмові. Жінка хотіла відчинити черницям до того, як вони подзвонять у двері.

О четвертій устала з ліжка. Знову боліли крижі, хоча звечора прийняла знеболювальне. Поставила на вогонь кавник. Знову запалила цигарку. Так просиділа майже годину, поглядаючи на стрілки ходиків. За десять хвилин — п'ята ранку. Марія піднялася з табурета й пішла до себе в кімнату визирнути з вікна. У неї перед очима майоріла освітлена ліхтарями порожня вулиця Коперника. Рівно о 5-й Марія побачила, як на вулицю Банківську, перпендикулярну до Коперника, звернули дві маленькі фігурки. Черниці були вбрані в однакові чорні пальтечка й чорні беретки. Вони йшли помалу, тримаючи одна одну попід руку. Навіть здалеку було помітно, що це літні жінки. Вони були худими, сутулими й низькими. Марія уважно вдивлялася в обличчя, але у світлі ліхтарів не могла нічого путньо розгледіти, навіть коли вони вже дійшли до кінця Банківської, щоб вийти на Коперника. Цієї миті на дорогу вискочила велика жовта заміська маршрутка. Від несподіванки обидві жінки завмерли на місці. Навіть якби вони хотіли відскочити, у них навряд би це вийшло. Маршрутка з'явилася наче нізвідки. Вона мчала на великій швидкості і з глухим звуком в'їхала у двох перехожих. Жінки розлетілися в різні боки. Водій одразу зник із проїжджої частини. Черниці так і залишилися лежати на дорозі нерухомо.

Марія не стрималася й закричала. Вона одразу схопила телефон і почала дзвонити у швидку допомогу. На тому боці прийняли виклик, і Марія стрімголов побігла сходами на вулицю. Дві бабці лежали нерухомо на тротуарі. Марія пересилила страх і спробувала намацати пульс спершу в однієї, а потім і в другої. Це не дало жодного результату. Старалася не дивитися на кров. Не треба було бути медиком, щоб із викривлених положень обох тіл зрозуміти наявність серйозних переломів. Вулиця й надалі була зовсім порожня. Швидка не їхала, і Марія знову набрала 911. Їй відповіли, що бригада в дорозі.

— Але тут нікого немає!

— Такого не може бути. Бригада медиків уже на місці пригоди, — відповів їй оператор і поклав слухавку.

Марія простояла на вулиці ще десять хвилин і вирішила піднятися до себе. Раптом Сашко прокинеться й налякається, що вдома нікого немає? Жінка вирішила стежити за подіями з вікна. Миттю піднялася до себе на четвертий поверх і, не скидаючи верхнього одягу, підбігла до вікна. На вулиці — нікого. Порожня дорога виблискувала білим снігом. Слідів крові Марія також не розгледіла. Вона навіть відчинила вікно настіж, щоб краще роздивитися вулицю, але там не було ані сліду від кривавої пригоди.

Марія взяла телефон і набрала номер, за яким учора дзвонила до черниць.

«Цей номер не є дійсним», — почула на тому кінці дроту.

Кілька годин не знаходила собі місця. Безперервно міряла кроками кімнату. Її не покидало відчуття власного божевілля. Але який божевільний визнає факт своїх психічних проблем? Принаймні вона добре знала, що в клінічній психіатрії усі психи вважають себе нормальними. Але ж бувають різні відхилення! Очевидно, це єдине прийнятне пояснення останніх подій. «Який дурний кінець. Закінчити в дурдомі... Навіщо взагалі тоді все було? Який сенс цього нікчемного життя?»

Весь ранок тримала на контролі львівські сайти новин, у яких завжди писали про важливі пригоди міста. Те, що трапилося на вулиці Коперника, мало б там з'явитися відразу. Але цього не трапилося. На жодному сайті не написали про криваву дорожньо-транспортну пригоду.

О сьомій ранку Марія вирішила, що не заспокоїться просто так. Вона повинна все з'ясувати. Бо ніяка вона не божевільна, це очевидно всім і кожному! Зайшла в кабінет. Сашко ще спав. Навшпиньках, причинивши двері, пішла до пані Стефи.

Сусідка відчинила їй одразу після першого стуку.

— Що там у вас? — без привітань сказала вона.

— Ви в курсі, що трапилося на вулиці?

— Так.

— А звідки ви знаєте?

— Усе місто вже знає. Хіба таке жахіття може пройти непомітно. Бідні Фрося й Женев'єва!.. Такі добрі були, наче ангели. Боролися все своє святе життя із втручанням загублених. Допомагали всім, хто нехотячи затримався і загубився тут. Показували шлях, за яким можна було вибратися з лабіринту астральних коридорів. І такий страшний кінець. Але прийдуть нові провідники. Інакше бути не може.

— Ви про що?

— Все те саме. А ви?

— Тобто вони справді загинули?

— Аякже. Ви ж самі виділи.

— І хто тепер мені допоможе?

— Певно, не вольно вже нічого змінити… — трішки налякано сказала сусідка.

— Чому в новинах про це ані слова?

— Вибачте. Але, думаю, нам краще припинити спілкування, — раптом дуже сухо сказала Стефа і спробувала зачинити двері, але Марія вставила в шпарку ногу.

— Негайно заберіться звідси.

— Ні! Я вимагаю відповіді!

— Та хто ти така, щоб узагалі чогось вимагати?

Пані Стефа презирливо плюнула в бік Марії, і та аж відскочила в бік. Двері зачинилися в неї перед самим носом. Було чутно, як сусідка двічі повернула ключ у замку, а потім прочовгала в нетрі свого помешкання.

Марія повернулася до себе. Ще раз виглянула у вікно. Задзвонив телефон. Вона миттю вхопила мобільний і побачила на екрані номер свого лікаря.

— Слухаю.

— Добрий ранок, — привітався доктор. — Даруйте, що зранку з такими новинами до вас, але нам тепер дорогий час.

— Говоріть, — коротка сказала жінка, хоча вже прекрасно розуміла, в чому річ.

— Рецидив. Цього разу дуже агресивний. Необхідно терміново почати лікування. Чекаю вас сьогодні на прийомі із 12 до 15 години. Не панікуйте. Будемо лікувати, аби було за що. Лікування буде дорогим, але, сподіваюся, ефективним.

— Я подумаю.

— Не зрозумів.

— Я подумаю, чи треба воно мені взагалі.

Марія поклала слухавку й пішла будити Сашка до школи.

*Павло*

Коли Павлові подзвонили з консерваторії, він нарешті чітко усвідомив, що з Марією щось відбувається. Останні дні він думати про неї забув: надто багато навалилося клопоту з власною сім'єю. На роботі мав багато справ із випускниками. Майбутні магістри готували дипломні роботи, а Павло сумлінно вів усі їхні напрацювання. Думки про колишню відкидав. Щоразу, коли йому доводилося поринати в минуле, починалися сварки вдома. Юстина якимось дивом завжди зчитувала занепокоєння на його обличчі, коли справа стосувалася колишньої. Жінка говорила, що це погано впливає на їхню сім'ю, і просила припинити будь-які контакти. Загалом вона мала рацію.

Дзвінок від Володі Лапідуса остаточно вибив Павла з рівноваги. По-перше, вони ніколи раніше не спілкувалися. По-друге, Павло завжди вважав його позаштатним коханцем Марії. По-третє, уже десять років він не був її чоловіком, а отже, і сім'єю.

— Ви б не могли під'їхати до мене в консерваторію? — запропонував керівник Марії.

— Нащо?

— У мене важлива приватна розмова.

— А ви в курсі, що ми з Марією вже десять років як розлучені? У мене нова сім'я, нова дружина, — неприязно сказав Павло.

Чоловік нічого не міг зробити з собою. Лапідус протягом багатьох років викликав у нього негативні емоції, ще з того часу, як до Павла приходила його дружина Галя. Вона тоді сказала, що на гастролях їхні благовірні селяться в один номер, як подружжя. І це не було таємницею в музичному середовищі.

— Я в курсі. Але в неї більше нікого немає. Я не знаю, до кого звернутися. Здається, у неї великі проблеми. Не хочеться скандалу.

— Скандалу? — перепитав Павло.

— Так.

— Гаразд. Я зможу в обідню перерву під'їхати.

— Чекатиму.

Павло поклав трубку. Будь-які реверанси в бік Лапідуса він вважав неприйнятними.

Рівно о 14:00 він постукав у двері. Володя Лапідус уже чекав на нього.

— Проходьте.

— У мене мало часу, — з порога сказав Павло. — Тож давайте по суті.

— Зранку в мене була нарада з ректором консерваторії. Він хоче відсторонити Марію від занять зі студентами. Але я зобов'язаний переговорити з кимось із її родичів. Ситуація насправді дуже серйозна.

Лапідус встав із крісла й через смартфон вивів на велику плазму в кутку кабінету коротке відео. Якість була погана. Очевидно, зйомка з камери відеоспостереження. Втім, на ньому легко можна було впізнати Марію Лакрицьку. Жінка в широкій дублянці була в репетиційній залі консерваторії. Під кутом, з якого знімала відеокамера, було добре видно дзеркальну стіну. На цьому дзеркалі Марія помадою хаотично виводила безліч написів.

— Що вона пише? — уважно придивляючись, запитав Павло.

— У нас є фото з місця пригоди.

Лапідус добре підготувався і вже розкладав перед Павлом на столі великі фотографії. На них було добре видно різні фрази, написані різнокаліберними буквами, такий почерк часто буває в душевнохворих людей. Писала Марія червоною помадою на дзеркальній стіні.

ТИ НЕ ТВАРИНА!
ТИ НЕ ТВАРИНА!

ДОСИТЬ ТРАХАТИСЯ, ЯК СКОТ!
ЗВІРИНА!
НЕ УБИЙ!!!!!!!!
НЕ УБИЙ!!!!!
НЕ УБИЙ!!!!!!!!!!!

— Що це? — спантеличено запитав Павло.

— А ви як думаєте? Минулого разу вона спізнилася на заняття до студентів. Наплела мені щось про лікаря і крапельниці. Я повірив. Виявилося, що в цей час вона займалася екстравагантним малярством.

— Давайте без жартів. Це зараз недоречно, — перебив його Павло.

— Я про те, що, можливо, вона потребує допомоги. Її треба підлікувати. Хто, як не ми? Тепер ви розумієте, чому я саме вам подзвонив? Поки вона не натворила чогось незворотного.

— А що я можу зробити? Я вже не маю жодних прав.

— Зв'яжіться з її родиною. Якщо це відео вийде зі стін консерваторії, буде великий скандал.

# 14

Марія вийшла з кабінету ректора в шоковому стані. Вона не пам'ятала нічого з того, що їй показали на відео. Вона навіть не розуміла значення всіх тих дурних і примітивних фраз. Що хотіла цим сказати? Нащо так зганьбила себе і свій напрацьований десятиліттями авторитет? Останні дні вона вже не могла відрізнити, де в її житті реальність, а де сон або галюцинація. Все переплелося й наче гігантське перекотиполе мчало сторінками її життя, зносячи все на своєму шляху.

— Марійко, ти повинна мене зрозуміти, — почав виправдовуватися Володя, щойно вони залишилися сам на сам. — У цій ситуації я не міг стати на твій бік.

— Не картайся, Володю, ти ні в чому не винен.

Марія повернулася до вікна й дивилася кудись удалечінь.

— Чим я можу тобі допомогти?

— Не знаю.

— У мене є знайомий психіатр. Лише прошу, не лякайся цього слова, — обережно почав він. — Все буде повністю конфіденційно, я тобі обіцяю.

— Добре.

— Що добре? Ти звернешся до нього?

— А який у мене вихід?

— Навіщо ти це все писала? Що це мало дати?

— Я не знаю. Не пам’ятаю взагалі. Наче то була не я.

— Але це була ти,— обережно зауважив Лапідус.

— Знаю.

— Хочу зізнатися, ти все одно про це взнаєш. Я мав розмову з твоїм колишнім.

Марія стрепенулася й повернулася нарешті до співрозмовника.

— Про що?

— Про тебе.

— Він усе знає? — надто голосно запитала вона.

— Хтось повинен допомогти тобі. Чому б не він?

— Ти хочеш, щоб вони танцювали на моїх кістках?

Вона не могла стримати крику. З кожною миттю відчуття власного божевілля накривало Марію, наче крижані хвилі океану.

— Чому ти так кажеш? Він хоче тобі лише добра.

— О-о-о-о-о, — злісно протягнула жінка й пішла, навіть не попрощавшись.

На першому поверсі звернула під сходи, у комірчину прибиральниці пані Валі. Як завжди, вона сиділа на кріслі, широко розставивши ноги, із задертою вище колін спідницею. Жінка сперлася ліктями об стіл і розв’язувала кросворд.

— Валю, добрий день, — привіталася до прибиральниці Марія.

— Доброго дня.

— Маю до тебе одне питання. Особистого характеру.

— Питайте, Маріє Олександрівно.

Жінка відклала набік кросворд і сіла в благопристойну позу.

— Колись давно ти розповідала мені одну історію, — почала здалеку.

— Яку? Я багато історій розповідаю. Можна вже й книжку писати. А то як почну читати все те, що тепер друкують… Стид і срам. Час уже самій щось написати.

— Звісно, — усміхнулася Марія. — Хто, як не ти, підніме сучасну українську літературу з колін?

— І я так думаю, — погодилася пані Валя.

— Але я до тебе сьогодні з іншим питанням, — повернулася до свого Марія.

— Я вся вніманіє, — награно серйозно відгукнулася прибиральниця.

— Ти мені колись розповідала історію про бабцю, яка на Голоска живе. Займається всілякими справами. Пам'ятаєш?

— То ви про Мариню? Чаклунку?

— Так. Мені потрібна її адреса, — нарешті дійшла до суті Марія.

— А то дуже просто. Там на Голоска, одразу за старим цвинтарем, на суцільній глині стоїть хата. Стара біла одноповерхова хата. І паркан такий блакитний, свіжопофарбований. Ви її одразу побачите. Там і мешкає Мариня. Якщо заблукаєте, запитайте в будь-кого.

— Дякую.

— А що трапилося? — поцікавилася жінка.

— Хочу поворожити.

— А-а-а-а, — змовницьки підморгнула пані Валя. — Це вона вміє.

* * *

Марія довго блукала цвинтарем. Усі черевики перемастила глиною, а блакитного паркану ніде не було видно. Не було й людей поруч, щоб запитати. Вона навіть не знала, що Голосківський цвинтар такий великий. Давно не була тут і не планувала бути в майбутньому. Марія озирнулася навколо, усвідомлюючи, що заблукала на гігантському некрополі. Який ідіотизм, вирубати стільки Брюховицького лісу, щоб із кожним роком розширювати цю територію туги й мороку! Колись давно хотіли побудувати тут крематорій, але ідея застигла на стадії розробки. Серед релігійної частини львівської громади такий спосіб поховання не мав популярності. Останній раз Марія була тут десять років тому. Тоді ховали її колишню співробітницю. За ці десять років кладовище розрослося. Якби вона про це знала, то розпитала б пані Валю конкретніше. Тепер доводилося блукати. Кінця і краю не було тим хрестам і могилам. Аж раптом почула позаду себе голос.

— Не мене шукаєте?

Марія обернулася й побачила повну жінку в рудій перуці. На ній був чоловічий спортивний костюм і довгий плащ-пороховик. Очевидно, з гуманітарки.

— Залежить від того, хто ви, — сміливо відповіла Марія.

— Я ваша тезка.

— Перепрошую?

— Мариня. Мариня Чайковська.

— То, певно, вас я шукаю. Мені потрібна Мариня, яка мешкає в домі за блакитним парканом.

— То був колір лазуриту, — поправила її Мариня.

— Добре, що я вас зустріла. Блукаю тут пів години. А звідки ви знаєте, як мене звуть? Валя попередила про мій візит?

— Ніхто мене не попереджав, — строго сказала Мариня й пішла вперед. — Іди за мною.

Марія пішла слідом за ворожкою, обережно переступаючи ями з глиною та болотом. Хатина була зовсім близько. Марія здивувалася, що блукала навколо й не бачила її.

— Заходь, — коротко сказала Мариня і пропустила гостю в свіжопофарбований коридор, а потім у простору кімнату.

У цій кімнаті вона, мабуть, і приймала клієнтів. Меблів було мало: лише стіл, два крісла, диван і полички з книгами. На стелі висіла велика кришталева люстра, що геть вибивалася із загального контексту приміщення.

— Витягни три, — закерувала Мариня, простягнувши стару й засмальцьовану колоду.

Марія мовчки витягнула три карти. Витягала зсередини і дуже обережно. Ворожка перевернула карти, подивилася й кинула їх на стіл перед клієнткою.

— Дивися. Бачиш?

— Що?

— Піка суцільна. Тягни ще три!

Марія так і зробила.

— Те саме, — із захватом протягнула Мариня.

Лише тепер ворожка почала уважно дивитися на свою клієнтку. В очах її зчитувався подив і неприхований інтерес.

— Темрява навколо тебе. Вже й виходу з неї не бачу.

— Що це означає?

— Заберуть тебе скоро до себе.

— Хто мене забере?

— Духи. Їх дуже багато навколо тебе. Навіть зараз ти не сама.

— Як це?

Марія озирнулася.

— Ти їх не побачиш. Вони показуються лише тоді, коли самі того бажають. Дай мені якийсь свій перстень.

Марія зняла з пальця платинову каблучку з великим діамантом і простягнула ворожці.

Мариня пропхала в перстень нитку, а потім стала позаду від клієнтки й почала над її головою розгойдувати тим перснем.

— Овва! Як круте! Ти подиви! — захоплено вигукувала вона.

Мариня засміялася, очі її горіли вогнем неприхованого захвату. Нарешті опанувала себе, сіла навпроти клієнтки, підперла рукою підборіддя.

— Що ви там побачили? — не витримала довгої паузи Марія.

Мариня й далі мовчки дивилася на неї. Марія помітила, що очі ворожки помутніли, наче вкрилися білою плівкою. Згодом очі стали повністю білими. Голос також змінився. Звучав зовсім низько.

— Чекай сьогодні на знак, — нарешті сказала вона.

— Який знак? — перелякалася Марія.

— Знак, — повторила гадалка. — Сьогодні ти все зрозумієш. Вони готові відкритися тобі. Скоро ви будете разом. Назавжди.

За мить очі Марині знову стали звичайними. Вона вийшла з короткого глибинного трансу.

— Ти отримала відповідь? — запитала вона.

— Не знаю. Я хотіла інше взнати.

— Усе інше не має значення.

— Чому?

— З дня на день сама все зрозумієш.

— Я психічно хвора?

— Ні.

Мариня піднялася з крісла.

— Вставай. Час іти.

Вона взяла перстень клієнтки, загорнула його в хустинку й запхала собі за пазуху.

— Це моя каблучка, — простягнула руку Марія.

— Не згодиться вона вже тобі. А мені саме те. Буде замість оплати.

— Оплати за що? Ти навіть нічого мені не сказала!

— Я сказала тобі навіть більше, ніж треба! Сьогодні отримаєш відповідь. А там уже сама вирішуй, що робити далі. Гріх свій ще встигнеш відмолити, якщо підеш зранку до ночі мити святі місця. Плазувати маєш до свого останнього дня. Та чи захочеш? Це вже питання. Скажу тобі одне: ти ні в чому не винна. Така в тебе була доля. Не вистачило в тебе духу, розуму, душевного благородства. Але ти не сумуй. Таких, як ти, безліч. Я б навіть сказала — більшість. Люди — дуже примітивні й егоїстичні створіння. Може, в наступному житті виправишся.

Мариня фамільярно постукала клієнтку по спині й голосно розсміялася.

— Як будеш на тому світі, замов за мене слівце. Бо я поки що не збираюся.

Ворожка помітила нажаханий вираз обличчя клієнтки.

— Не все так страшно, заспокойся. Щойно все зрозумієш, настане час для усвідомлення. А потім — спокій.

* * *

Марія прийшла додому розхристана. Дорогою в неї віднімалися ноги, паморочилася голова. Зупинялася й сідала на лавку або просто прихилялася до будинків. Їй було дуже зле. Відчувала страшенну лють через те, що гадалка забрала її каблучку. Цю каблучку колись давно подарував Павло. З нею мала пов'язані сентименти, пояснити яких не могла навіть сама собі. Ненавиділа себе за те, що не наважилася забрати перстень. Перстень, що коштував, як уся та богом забута хата. Коли Марія почула в себе в бібліотеці стук молотка, їй відлягло від серця. Страшенно не хотілося залишатися зараз на самоті. Олег саме завершив роботу над етажеркою.

— Приймайте роботу, — радісно всміхнувся він.

Марія зайшла в кабінет і побачила, що він не лише змайстрував та приладнав полички, а розклав на етажерці всю її колекцію антикварного фарфору. Чудові балеринки, піаніст за роялем, іспанські танцівниці, колекція ведмедів, зайців та слонів. Усе це було старанно протерто й виблискувало благородною сецесійною красою.

— О, як гарно! — нарешті розслабилася.

— Вам подобається? Я такий радий! — вигукнув Олег і обійняв Марію за плечі.

Навіть не пручалася. Усе було якось дуже гармонійно й на часі. Вона притулила голову до плеча майстра. Вони стояли й милувалися.

— Я би тут ще побільше вазонів із зеленню поставив. Уявляєте, як це буде гарно?

— Згодна.

— Але таких високих. Не простих! — із дитячим захватом продовжував він. — Зробимо тут джунглі!

— Оце так ідея! — усміхнулася Марія.

Вона відчула радість, що вже не треба бігати в ту дурнувату консерваторію. У неї вдома такий затишок, такі добрі люди її оточують!

— Поближче до зелені й до вікна можна пересунути ваш робочий стіл.

— Лише що мені за ним робити? — усміхнулася Марія.

— Писати! — із запалом продовжував Олег. — Історію про всіх нас.

— Про кого?

— Про людей навколо!

Марія нарешті вибралася з обіймів майстра.

— Може, вип'ємо кави?

— З радістю. Я ще там свіжі ватрушки приніс. Поклав на кухні.

Вони вийшли разом з кабінету. У вітальні працював телевізор. Марія точно пам'ятала, що не вмикала його.

— Це ти ввімкнув телевізор? — запитала в Олега.

— Ні, — коротко відповів він.

Обоє зупинилися й подивилися на екран. Там показували старий чорно-білий фільм. За мить Марія зрозуміла, що це не фільм. По телевізору транслювали приватний запис. На дивані сиділа жінка й тримала руки на животі. Поруч сидів чоловік. Це була доглянута респектабельна пара. Марія відчула, що її серце почало битися вдвічі швидше. На екрані вона впізнала себе та Павла. Вони неквапливо розмовляли.

— Я б хотіла залишити його. Це вже десятий тиждень. Впевнена, це хлопчик. Навіть ім'я вже йому вибрала.

— Як хочеш, — коротко відповів Павло.

— А ти не хочеш? Це вже наш останній шанс може бути. Ми не молодшаємо. Невже не хочеш сина?

— Я повторюю, — сухо відповів Павло. — Роби, що хочеш. Будь-який твій вибір я підтримаю.

— Я вже навіть ім'я йому дала. Сашко, — жінка з надією розвернулася до чоловіка. — Залишимо його?..

— У мене зараз дуже багато роботи. Не впевнений, що зможу допомагати тобі повною мірою. Але роби, як хочеш.

— Я хочу, щоб ти хотів цю дитину! Розумієш?

— А він мій? — раптом запитав Павло.

— Ну ти й мразота! — різко відповіла Марія. — Ти не заслуговуєш на сина. Добре я робила, що все життя наставляла тобі роги. Ти худобина!

Запис на телевізорі зупинився, наче хтось поставив на паузу. На екрані завмерло її скривлене в злісній гримасі обличчя. Марія поглянула на Олега. Він також дивився на екран і не ворушився. Потім узяв пульт і вимкнув. Марія дивилася на майстра, чекала реакції. Олег мовчки одягнув куртку й вийшов із квартири, тихо причинивши двері.

Марія стояла й не ворушилася. Спогади крижаним водоспадом упали на неї. Згадала все до дрібниць. Як плакала в той день. Але сльози її були лише через образу. Вона плакала, бо знала, що не потрібна власному чоловікові. Знала, що самотужки не хоче няньчитися з дитиною. Знала, що, навіть народивши, вже не втримає Павла. Знала, що скоро він піде. Знала, знала, знала… Як багато вона тоді знала… Наступного дня вона знову піде до гінеколога. Водинадцяте й востаннє вишкребе небажаний плід. Та цього разу вона вже дала йому ім'я. Це був Сашко.

Марія вхопила велику чорну вазу, що стояла з реп'яхами на підлозі біля ліжка, і кинула її в телевізор. Ваза відскочила й гучно розбилася об підлогу. Марія ввійшла в шал. Розвернулася в пошуках чогось важчого, щоб збити зі стіни телевізор. На протилежній стіні біля ліжка побачила оформлене в паспарту фото. Раніше його там не було! Жінка підійшла ближче й придивилася. На фотографії була вона. Сиділа на сцені, тримала на руках бандуру. Щиро й радісно всміхалася. Позаду неї стояло одинадцять дітей. Від майже дорослих вісімнадцятилітніх до маленьких дошкільнят. Цього разу на головах у них не було солом'яних брилів, і Марія могла добре роздивитися їхні обличчя. Серед цих дітей вона одразу впізнала Сашка, потім Олега, близнючок із довгими кісками й дівчину, яка колись співала в класі музичної школи її пісню. Решту дітей вона також раніше бачила в перламутровій ігровій кімнаті.

# 15

На вулиці стояло спекотне літо. Того року весна тягнулася довго. Уранішня прохолода трималася довго. Аж раптом у липні прийшла спека. Температура в день перетинала позначку тридцять п'ять градусів.

Ольга відчинила настіж вікна, але навіть це не давало жаданої прохолоди. Тоді вона відчинила вхідні двері, що вели на довгий загальний балкон. Такий вхід часто трапляється в старих львівських будинках. Їх будували за формою порожнього квадрата. Усередині розміщувався великий двір, оперезаний балконами. По балконах люди потрапляли до себе в домівку.

— Вірцю, візьми трубку! Що, не чуєш, телефон розривається? — вигукнула вона до дочки, яка лежала на дивані й порпалася в мобілці.

— Коли ти вже його відключиш? Нащо ми за нього платимо? У жодної сучасної людини немає домашнього телефона.

— Так дзвонить же! Візьми!

— Мені ніхто на домашній не може дзвонити! Тобі треба, ти й бери, — огризнулася Віра й запхала у вуха навушники.

Ольга витерла мокрі руки, бо саме протирала підвіконня, і почовгала до телефона. Зняла слухавку. За хвилину видушила лише одне слово:

— Дякую.

— Хто це був? — поцікавилася Віра.

— Дзвонили з Кульпарківської. Сьогодні вночі тітка Марія померла.

Ольга сіла на диван і раптом нестримно розревілася. Віра обійняла маму за плечі й несподівано для себе також розплакалася.

* * *

Ольга відкрила своїм ключем квартиру сестри. Марія сама дала його, коли поїхала лікуватися на Кульпарківську. Вона казала, що заберуть її звідти вперед ногами, але ніхто тоді не звернув уваги. Любила ексцентрично висловлюватися. Цього разу нікого не вразила її впевненість, бо вона нікому не говорила про результати біопсії. Павло приєднався до Ольги через десять хвилин. Вирвався ненадовго з роботи, мав у своєму розпорядженні всього пів години. Двері Ольга залишила відчиненими. Коли він зайшов, побачив своячку біля ліжка. Жінка дивилася на порожню рамку на стіні, на розбитий телевізор, на порізане покривало…

— Як ти? — запитав Павло.

— Дуже важко. Наче часточки мене не стало. Ми вже наступні будемо в цій черзі.

— Усі ми там будемо… — обережно сказав він.

— Але ж не так рано. Чому вона не сказала, що хвороба повернулася?! Вона стільки часу втратила в тій психушці!!! Чую провину за те, що ми її поклали на Кульпу.

— Не вини себе. Ми нічого не могли знати. Винити треба її лікаря. Знав, що вона потрапила до психлікарні, і мав передати історію її хвороби. Поговорити з нами, зрештою.

— Але він цього не зробив. Видно, вирішив, що це все...

— Ні, Олю, він вирішив, що вже не зможе качати з неї гроші. А навіщо лікувати самотню причинну людину? Хто за неї платитиме?

Ольга почала голосно ридати.

— Провину відчуваю я, Павле. Як гріх замолити? Чого ми кинули її напризволяще?

— У тобі зараз говорить біль втрати, Олю.

Павло підійшов і обережно розвернув Ольгу за плечі до себе.

— Подивися навколо. Бачиш, що вона з квартирою зробила? Вона була не в собі. Ми не мали іншого виходу, ми ні в чому не винні. Та й згоріла миттєво. За три місяці не стало. Подумай сама: на яку стадію вже розкинулася хвороба, раз її так швидко не стало?

— Твоя правда. Скільки я дзвонила їй. Скільки просила перевіритися. Ех...

— Не картайся.

Ольга відчинила старовинну шафу з червоного дерева. Вона була така велика, наче кухня в хрущовці. Почала обережно перебирати одяг сестри. Мала підібрати небіжці одяг в останню путь. У гардеробі було багато чорних суконок, але Ольга зупинилася на кремовому платті в дрібний горошок. «Марія так любила бути красивою, нехай і там буде гарна», — подумала вона.

— Мені б її записну книгу. Або мобільний. Чим там вона користувалася? Треба обдзвонити всіх знайомих, — нарешті знову заговорив Павло.

— Саме хотіла просити тебе про це, — з полегшення зітхнула Ольга.

— А... І ще одне, головне. Знаєш, я зайшов сюди, спогади нахлинули, забув сказати...

— Про що? — здивовано повернулася до Павла жінка, обережно тримаючи в руках крепдешинову сукню.

— Я мав розмову з її юристом. Так уже сталося, що ми разом працюємо. Він викладає юриспруденцію в універі.

— І що?

— Вона переписала заповіт ще в кінці лютого чи на початку березня. Словом, перед тим, як остаточно заслабла, — Павло підбирав слова і з цікавістю спостерігав за обличчям Ольги.

— І що там?

Ольга витріщила очі й майже не дихала, уважно вловлюючи кожне слово.

— За новим заповітом усе рухоме й нерухоме майно, а також банківські рахунки вона заповіла благодійному фонду матерів-одиначок, — нарешті виговорив він.

— Яких ще матерів? Що за дурня?

— Матерів-одиначок. Там живуть молоді жінки, які потрапили в скруту. Їм допомагають народити. Всяке в житті буває. Наприклад, чоловік-алкоголік. Або б'є... Там ці жінки народжують і живуть певний час, поки не стануть на ноги...

Ольга мовчала. Дивилася на Павла й намагалася побачити в його очах підтримку, розуміння, та хоч гнів, але Павло був незворушним.

— Я думаю, цю дурницю можна оспорити в суді, — нарешті виговорила Ольга. — Вона вже була не при собі, коли писала таке.

— Адвокат наполягає, що вона була при здоровому глузді.

— Е ні… Тут можна посперечатися і знайти купу свідків її божевілля вже наприкінці зими.

— Не роби цього, — коротко сказав Павло.

— Чому?

— Вперше Марія зробила щось таке, чим можна справді пишатися. Я впевнений, що вона помирала з легкістю, знаючи, що залишає світ із місією, яку змогла виконати. Розумієш? Для неї це було важливо.

— Чому ти так думаєш?

— Я так відчуваю. Вона не була злою людиною, але лише перед смертю змогла відкритися світові.

— Легко віддати те, що тобі самій уже не потрібне, — презирливо скривилася Ольга. — Вона просто наостанок вирішила напакостити мені й Вірці. Ненавиділа мою дочку за те, що та файна. Ніколи їй нічого не подарувала. От і зараз відібрала те, що належить їй по праву.

Павло зітхнув і пішов углиб квартири до робочого столу Марії. Він побачив дуже багато зелених рослин, яких раніше там не було. Біля вікна буяли справжні джунглі. Павло замилувався. Підійшов до етажерки з фарфором. Витягнув із другої полички маленького голого амурчика. Колись давно він подарував їй цю статуетку, купив на блошиному ринку в Брюсселі. Старовинна статуетка. Марія тоді неабияк раділа, що поповнила свою колекцію таким цінним екземпляром. Павло витягнув амурчика, здмухнув пил і поклав собі в кишеню. На пам’ять.

Потім підійшов до письмового столу і витягнув із шухляди її мобілку.

— Олю, я знайшов її телефон. Удома підзаряджу й наберу всіх знайомих. Ти лише проінформуй мене точно, коли буде прощання і в якій каплиці.

— А дідько з нею! Не буду навіть тим займатися!

Ольга ніяк не могла заспокоїтися. Їй здавалося, що сестра вмастила їй ляпаса наостанок.

— Не смій так говорити. Ти сама пошкодуєш про ці слова. Моя тобі порада: зроби все гарно, так, щоб потім не довелося картати себе решту життя.

Павло поспіхом пішов.

* * *

Дружина відомого львівського лікаря, його називали світилом онкології, стояла посеред великої кімнати й захоплено оглядалася на всі боки. Її чоловік, красивий брюнет середнього віку, спостерігав за захватом жінки.

— Як тобі, Лялю? — вкотре запитав він, щоб насолодитися її радістю.

— Юрчику, це бомба!

— Кєргудубамбарбія, — пожартував він.

Через велику вікову різницю дружина не зрозуміла жарту і здивовано кліпала величезними блакитними очима.

— Що ти сказав? — запитала вона.

— Не зважай. Все забуваю, що коли я дивився якісь фільми, тебе ще і в проєкті не було, — віджартувався чоловік.

Ляля закохалася в Юрка з першого погляду, коли прийшла до нього на огляд у гінекологію. Фанатка серіалу

«Секс у великому місті», вона побачила чувака, який був мало не двійником її улюбленця Містера Біга. Огляд тоді пройшов майже як перше побачення. Через тиждень вона переїхала жити до нього. Ще через місяць було весілля. Дітей пара не планувала: Ляля — через молодість, Юрко — через зрілість. Не хотілося, щоб дітей за онуків у школі мали.

— Як вам квартира? — нарешті в кімнату повернулася рієлторка. Вона виходила, щоб відповісти на телефонний дзвінок.

— Дуже подобається! — не стрималася Ляля, потім перехопила погляд чоловіка і стишила свій захват.

— Особливої уваги тут варте це старовинне ліжко.

Рієлторка вказала на завішане портьєрами ліжко. Багряний оксамит переливався стриманою величчю.

— О так, — погодилася Ляля й кинула на чоловіка грайливий погляд.

У рієлторки знову задзвонив телефон.

— Я перепрошую, — сказала вона. — Ви поки роздивіться квартиру, а я на хвилинку. Дуже багато охочих саме на це житло, — багатозначно додала вона.

Подружжя залишилося наодинці. Вони почали уважно оглядати квартиру. В якийсь момент Ляля натиснула на високу дерев'яну панель у головах ліжка, і та піддалася. Там вони побачили ще одну простору кімнату. Темну й занехаяну. Очевидно, що в цьому приміщенні дуже давно нікого не було. Можливо, навіть кілька десятиліть.

— Що це? — здивувався Юрко.

— Таємна кімната, — прошепотіла Ляля. — Я в шоці!

Вона обережно огледіла знахідку. Дуже хотілося зайти всередину, але вона стрималася і тихесенько причинила потайні двері.

— Вона не знає про цю кімнату, — нарешті прошепотіла Ляля.

— Хто?

— Рієлторка. Вона заявляла квартиру як двокімнатну, а виявляється, тут є ще й третя. Вона про неї не знала!

— Хіба таке може бути? А як же план квартири?

— Певно, немає її на плані, — далі захоплено шепотіла Ляля. — Колись давно в моїх сусідів також була така таємна кімната за панелями. Може, того я і знайшла цю... Правда, в сусідів вона була значно меншою. Вони її називали «губа».

— «Губа»? — перепитав Юрко. — Чому «губа»?

— Не знаю. Так назвали. Там колись євреїв ховали під час війни. У нас у будинку всі цю історію знали й шанували.

— Прикольно, — погодився Юрко. — Але я мушу ще дещо розповісти про цю квартиру.

Ляля уважно повернулася до чоловіка. З її погляду було очевидно, що ніяка історія вже не відмовить жінку від покупки квартири з «губою».

— До нас тут жила Марія Лакрицька.

— Хто це така?

— Співачка. Бандуристка. Це неважливо. Я лікував її, але вона місяць тому померла.

— Ну і що? У всіх старих квартирах хтось помирає. Це життя. Подумай сам, як можна відмовитися від квартири, якщо тут є прихована кімната? Ми купимо трьошку за ціною двушки!

— Маєш рацію, моя хороша, — погодився Юрій Олександрович і ухвалив остаточне рішення.

# Епілог

Павло знову підзарядив телефон Марії. Він сидів у себе вдома на дивані й порпався в її фото та відео. Його охопила сентиментальність. Багато думав про останній учинок колишньої. Чому вона відписала все майно на благодійність? Вона ж ніколи не переймалася таким. Юстя вже кілька разів акцентувала увагу чоловіка на тому, як вчасно він розміняв особняк у Грибовичах. «Не забери ти тоді свою половину, вона б усе віддала чужим людям. А так хоч щось дітям залишиться», — зауважувала вона й мала рацію.

Ольга так і не наважилася подати до суду. Втім, минув лише місяць, і вона мала ще час на те, щоб оскаржити заповіт сестри. Павло не хотів про це думати. То вже не його справа. Нехай собі роблять усе, що заманеться. Раптом на телефон прийшло повідомлення. Це вже не вперше. У Марії було багато знайомих, багато робочих контактів. Люди писали і дзвонили, бо не знали, що абонент пішов у засвіти. Чоловік відкрив повідомлення у вайбері. Цього абонента не було в неї в записнику, тож програма просила дозвіл.

Павло не замислюючись дозволив. З'явилося ім'я абонента — Барні 613. Павло подумав, що це якась нав'язлива реклама, і відклав телефон.

— Ви там ще довго? — голосно гукнув він.

— Ще збираємося, — почулася відповідь Юстини і дзвінкий сміх близнючок.

Павло зручніше сперся на подушки і знову взяв до рук телефон. Цього разу він торкнувся пальцем до повідомлення — і на екрані з'явилося відео.

Він побачив, як Марія йде вузькою стежкою серед темного соснового лісу. Лише яскрава повня, наче прожектор, світила на неї. Поруч із нею йшло одинадцять людей. Серед них були дорослі й діти. Вони рухалися бадьорим кроком. Все скидалося на радісну прогулянку, та дивувало, що вночі. Павло звернув увагу на хлопчика і двох однаково вбраних дівчаток-близнючок. Раптом хлопчик обернувся й подивився в самі очі чоловіка. Хлопчик був дуже красивим, нагадував Павла в дитинстві. Малий усміхнувся й помахав йому рукою, наче прощаючись. За мить знову повернувся до своєї компанії. Усі разом продовжили йти кудись удалечінь.

Відео закінчилося.

— Юстино! — голосно позвав Павло. — Юстя! Бігом іди сюди!

— Що таке? — майже одразу підбігла дружина, натягуючи на ходу товстий в'язаний светр через голову.

— Подивися. Щось дуже дивне прийшло на телефон Марії.

Юстина знехотя взяла телефон. Вона вже давно просила чоловіка не колупатися в речах покійної. Жінка уважно подивилася й повернула телефон Павлові.

— Там нічого немає. Що ти хотів мені показати?

— Подивися повідомлення від Барні 613.

— Немає там ніякого Барні, — відмахнулася жінка.

Павло почав шукати повідомлення, але воно й справді зникло.

— Ти видалила повідомлення? — недовірливо перепитав він.

— Та нічого я не видаляла. Ти дав мені, а там нічого немає, — прокричала вона вже з іншої кімнати.

Чоловік кілька разів заходив у вайбер. Вмикав і вимикав телефон, та нічого не міг знайти. Повідомлення й сам абонент зникли.

— Все, ми готові, — нарешті мовила Юстина. — Куди підемо?

Вона з доньками стояла повністю одягнена біля дверей.

— Ходімо в Стрийський парк, — відповів Павло. — Погодуємо лебедів білим хлібом.

*Літературно-художнє видання*

# ЮЛІЯ ЧЕРНІНЬКА

# БАРНІ 613

Роман

Головна редакторка *Мар'яна Савка*
Відповідальна редакторка *Ольга Горба*
Обкладинка *Анастасія Старко*
Літературний редактор *Сергій Осока*
Художня редакторка *Тетяна Омельченко*
Технічний редактор *Дмитро Подолянчук*
Макетування *Альона Олійник*
Коректорка *Ольга Шевченко*

Підписано до друку 02.04.2024. Формат 84×108/32
Гарнітура *Noto Serif*. Умовн. друк. арк. 7,98.
Наклад 1500 прим. Зам.24-233.

видавництво СТАРОГО ЛЕВА

Свідоцтво про внесення до Державного реєстру видавців
ДК № 4708 від 09.04.2014 р.

*Адреса для листування:* а/с 879, м. Львів, 79008

Книжки «Видавництва Старого Лева»
Ви можете замовити на сайті *starylev.com.ua*
0(800) 501 508 spilnota@starlev.com.ua

*Партнер видавництва*

!FEST холдинг емоцій

Віддруковано на ПрАТ «Білоцерківська книжкова фабрика»
Свідоцтво серія ДК № 5454 від 14.08.2017 р.
09117, м. Біла Церква, вул. Леся Курбаса, 4.
Тел./Факс (0456) 39-17-40
E-mail: bc-book@ukr.net; сайт: http://www.bc-book.com.ua